# SENTINELLES
## 25 ANS D'ÉCRITURE À L'ITINÉRAIRE

**1. SENTINELLE** [sãtinɛl] n. f. (it. *sentinella*, de *sentire*, entendre, lat. *sentire*; 1546). 1. Soldat placé en faction pour alerter la garde, rendre les honneurs, contrôler les entrées d'un établissement militaire, protéger un lieu public : *Placer des sentinelles à l'entrée d'un camp. Relever une sentinelle.* – 2. Personne qui fait le guet pour surveiller, pour épier : *Mettre un observateur en sentinelle.* – 3. Faire sentinelle, épier, guetter, surveiller, pour se tenir en garde : *Il laissait en dehors de la maison, pour faire sentinelle, un énorme chien* (Mérimée).

    • CLASS. **sentinelle** n. f. *Relever de sentinelle, relever vertement,* réprimander : *Il la releva bien de sentinelle sur des sottises qu'elle lui disait* (Sévigné).

**2. SENTINELLE** [sãtinɛl] n. f. (de *sentinelle* 1; v. 1900). *Pop.* Gros excrément : *Poser une sentinelle.*

LAROUSSE, dictionnaire de la langue française - lexis, 1989

# SENTINELLES

## 25 ANS D'ÉCRITURE À L'ITINÉRAIRE

Préface de Monique Proulx

*Deuxième réimpression*

L'ITINÉRAIRE

Montréal
Printemps 2017

**Coordination**
Josée Cardinal & Simon Posnic

**Mise en page**
Milton Fernandes

**Couverture**
Sébastien Thibault

**Jury de sélection des textes**

Paul Arsenault - *bénévole à la rédaction de L'Itinéraire*

Christine Barbeau - *bénévole à la rédaction de L'Itinéraire*

Rossana Bruzzone - *écrivain, animatrice d'ateliers d'écriture optimiste*

Isabelle Corriveau - *coordinatrice de la programmation à BAnQ*

Olyvier Leroux-Picard - *poète et éditeur*

Jeanne Painchaud - *poète et artiste*

Monique Proulx - *écrivain, présidente du jury*

CATALOGAGE AVANT PUBLICATION DE BIBLIOTHÈQUE ET ARCHIVES NATIONALES DU QUÉBEC
ET BIBLIOTHÈQUE ET ARCHIVES CANADA

Vedette principale au titre :

Sentinelles : 25 ans d'écriture à L'Itinéraire

Comprend un index.

ISBN 978-2-9816635-0-4

1. Écrits de sans-abri québécois. I. Cardinal, Josée, 1958- .
II. Posnic, Simon, 1983- . III. Groupe communautaire L'Itinéraire.

PS8235.H65S46 2017    C840.8'09206942    C2017-940689-2
PS9235.H65S46 2017

Merci à tous les camelots et auteurs de L'Itinéraire et à l'ensemble des bénévoles de la rédaction. Merci à celles et ceux qui ont cru à cette idée et à celles et ceux qui ont permis sa concrétisation : Paul Arsenault, Christine Barbeau, Gabriel Bissonnette, Geneviève Bois-Lapointe, Gabrielle Cauchy, Ariane Chasle, Michèle Déteix, Julien Fontaine-Binette, Isabelle Friesinger, Lucie Laporte, Serge Lareault, Luc Lenoir, Danièle Létourneau, Chadi Marouf, Monique Proulx, Normand Ranger, Pierre Saint-Amour, Valérie Savard, Stéphanie Séguin, Lorraine Sylvain, Laëtitia Thélème, François Thivierge & Jean-Marie Tison.

Rédaction et administration
2103, rue Sainte-Catherine Est
Montréal (QC) H2K 2H9

☏ (514) 597-0238
@ www.itineraire.ca

Direction générale : Luc Desjardins

# 25 ans,
# 100 textes,
# des milliers d'histoires

Avant le journal, il y avait la rue. Une quinzaine de femmes et d'hommes blessés par la vie qui demandaient un local pour se retrouver. L'Itinéraire se proposait alors à eux comme un groupe d'entraide autonome, indépendant et maître de ses décisions, un milieu de vie ouvert où on acceptait ceux qu'on avait rejetés partout ailleurs. On venait s'y réchauffer, y prendre un café, discuter, s'engager ; on organisait la prise de parole et on développait des projets. Au printemps 1992, on décidait de rédiger un journal qui serait distribué gratuitement dans les organismes, les maisons de chambres, au plus près des exclus. « Nous aimerions donner la chance aux gens d'écrire sur différents sujets en les invitant à sortir de leur solitude », disait-on.

Quelques publications plus tard, à l'été 1993, on testait le temps d'une semaine la vente de ce journal dans la rue. Et ça fonctionnait. L'organisme, rebaptisé Groupe communautaire L'Itinéraire, aurait désormais un produit à vendre ; L'Itinéraire deviendrait en 1994 un journal de rue, ses participants, des camelots.

Petit à petit, l'outil d'expression et de sensibilisation s'est fait une place dans les rues montréalaises, dans l'espace médiatique et dans le cœur de ses lecteurs. Il a évolué avec les époques, a changé plusieurs fois de périodicité, de papier, de format et de prix. Dans le même temps, le groupe s'est structuré et a développé ses services : accompagnement psychosocial, aide au logement, soutien alimentaire, formation. En 25 ans, des milliers d'individus y ont trouvé un travail et une tribune, y ont retrouvé le sourire et la dignité.

Aujourd'hui, plus de la moitié des pages de L'Itinéraire est rédigée par ses camelots-participants. On tente, comme au commencement, de les placer au cœur des projets. Et inévitablement, c'est de quelques-uns d'entre eux qu'est venue cette idée d'anthologie, des amoureux des mots qui ont passé en revue plus de 500 publications s'étalant du printemps 1992 à l'été 2016. À partir de leur présélection, un jury de sympathisants a eu pour mandat de retenir 100 textes comme première consigne de faire confiance à ses émotions.

Ce recueil rappellera au magazine qu'il n'aura de raison d'être que tant qu'il demeurera « la voix des sans-voix ». Certains des auteurs que vous lirez ou relirez dans ses pages pourront vous dire à quel point l'écriture a été pour eux tantôt libératrice, tantôt salvatrice. D'autres ne sont tristement plus là pour vous le raconter et cet objet se veut, aussi, un hommage à leur mémoire.

# Des pourris et des bums

Le livre que vous tenez entre les mains est unique. Non seulement parce qu'il rassemble les meilleures chroniques qui forgent, depuis 25 ans, l'âme du journal *L'Itinéraire*, mais parce qu'il est fait de paroles essentielles et drues qui, mises ensemble, tissent la grande symphonie rauque de la rue.

Il nous est rarement donné de lire des textes aussi sincères, aussi dépouillés d'arrogance et de masque. Il faut dire qu'ils émanent d'êtres de cœur, qui n'ont rien à préserver ou à perdre parce qu'ils ont souvent tout perdu.

J'ai eu la chance de m'approcher de L'Itinéraire dès les débuts, et de me trouver souvent chavirée par le courage qui y florissait. Tous ces esprits rebelles et douloureux – ces « pourris et ces bums » pour paraphraser les mots costauds de Jean-Marie Tison –, qui osent étaler sur la place publique les épisodes rocailleux de leur vie, qui osent plonger dans l'exercice périlleux de l'écriture au risque de se noyer, et qui finalement trouvent, par cette même écriture, la bouée qui les sauve : c'est ce qu'on appelle de l'alchimie.

C'est donc un livre écrit par des alchimistes que vous vous apprêtez à lire. Comme au Moyen-Âge où on tentait de transmuter le vil métal en or, les écrivains de L'Itinéraire transmutent leurs fissures et leurs rêves émiettés en beauté.

Car, oui, ce livre est une œuvre de beauté rédigée par de véritables écrivains.

Ceux qui connaissent déjà *L'Itinéraire* retrouveront des signatures coup de poing : Jean-Marie Tison à la parole corrosive, Linda Pelletier et ses histoires douces amères, Cylvie Gingras et son humour salvateur, Pierre Saint-Amour au verbe savant, ainsi que les plumes vives et créatives de tant d'autres : Josée Cardinal, Lorraine Sylvain, Mario Le Couffe, Sylvie Desjardins, Norman Rickert, Pierre Demers, Pierre Hamel…

Dans ce concert de voix singulières, il est poignant d'entendre ici et là la petite musique ultime de ceux qui ont disparu depuis. Jean-Pierre Lizotte nous interpelle de la prison où il se trouve depuis 19 ans, espérant tout de son retour en société – alors qu'il y trouvera la mort, suite à une arrestation « musclée ». Alain Coulombe dit « Alcatraz », écorché vif rempli d'humour, sera bientôt vaincu par le sida. Thérèse Gauthier aura le temps de signer un poème lumineux sur le désir de bonheur avant de s'effacer discrètement...

C'est toutefois la vie qui prédomine avec éclat tout au long de ces quelque 200 pages, nous nourrissant d'histoires palpitantes, de témoignages douloureux ou grinçants, de parcours en dents de scie, de dénonciations, de cris du cœur, mais aussi d'imagination, de fantaisie et de leçons de sagesse percutantes.

Vous ne sortirez pas indemne de ce livre symphonique, c'est-à-dire que vous en sortirez ouvert et palpitant.

Et il ne vous sera plus possible de regarder les camelots de la même manière. Ni les itinérants, d'ailleurs. Peut-être vous apparaîtront-ils enfin tels qu'ils sont vraiment : des sentinelles. Des sentinelles postées judicieusement au coin des rues pour nous empêcher d'oublier notre solidarité, notre humanité.

Monique Proulx,<br>
écrivain

# SENTINELLES

## 25 ANS D'ÉCRITURE À L'ITINÉRAIRE

# Un petit bonheur

*Thérèse Gauthier*

Si je pouvais vivre avec un p'tit bonheur
Un p'tit queq'chose au fond du cœur
Qui t'fait chaud, qui t'fait du bien
Qui t'dit que tu vis pas pour rien

Oh ! Si je pouvais vivre un p'tit bonheur
Un p'tit queq'chose, une petite douceur
Qui t'fait croire que p't-être un jour
Toé aussi t'es pas tout seul dans ta cour

Si je pouvais vivre un p'tit bonheur
Un p'tit queq'chose qui chasse la peur
Qui t'aide à t'endormir
Pis qui t'réveille avec un sourire

Comme j'aimerais, un p'tit bonheur
Un p'tit espoir, même une p'tite lueur
Qui t'dit que ça vaut la peine
Combien j'ai besoin d'un p'tit bonheur
Queq'chose qui t'sort d'la noirceur,
Maudit, bonyenne,
Un p'tit queq'chose qui t'fait dire
Toé, j't'aime !

# Que le *vrâ* itinérant se lève !

## *Jean-Marie Tison*

Je voudrais répondre ici à la question que m'a posée une jeune étudiante en éducation spécialisée à qui je tendais le journal en lui vantant ses mérites. De toute évidence, elle n'a pas cru une seconde que j'ai pu connaître l'itinérance, la rue. Plus subtilement, je sentais bien que pour elle je n'étais pas un *vrâ itinérant*.

« Cé quoi la différence entre un itinérant et un sans-abri ? », m'a-t-elle lancé, l'œil narquois et la voix pointue, en tenant bien en vue et bien serré son biscuit, pardon son dollar. Pendant quelques douloureuses secondes, j'ai douté de mon identité profonde... La question est très importante (il y a un dollar en jeu) et dénote un profond souci de professionnalisme. Cette jeune fille, qui a l'ambition d'aider, oriente déjà ses efforts futurs. Sans doute cherche-t-elle à délimiter le champ de sa spécialisation : itinérant ou sans-abri ?...

Eh bien, la vérité c'est que nous sommes des êtres à personnalités multiples. Lorsque les missions nous enferment dehors à 7 h du matin, nous devenons des *sans-abri*. Mais dès le premier pas vers nulle part, nous revoilà *itinérants*. L'idée nous vient-elle de nous arrêter pour *bummer*, histoire d'acheter de quoi fumer ou boire, et toc ! nous nous « méta-morphosons » en *quêteux*. La *manche* a-t-elle été heureuse ? On s'paye de quoi boire et zap ! nous voici transfigurés en *robineux* ! La journée ne s'achève pas là, mais abrégeons... Si nous avons de longs cheveux en bataille, un âge respectable et surtout une longue barbe blanche de père Noël, nous devenons de beaux *clochards* comme vous les aimez : vieux et pitoyables. Par contre, si nous sommes jeunes, saouls et avec des crânes rasés, nous sommes de dangereux *punks* crottés et en carence socio-affective, ou encore des *apaches caractériels*... J'arrête.

Je ne sais pas si vous l'savez, mais être affamé, assoiffé, mal rasé, mal habillé, sale, saoul, vulgaire, désespéré et perdu sept jours sur sept à l'année longue, cé d'l'ouvrage en criss ! Pardonnez-nous s'il nous manque parfois quelques-uns des attributs si chers à vos préjugés. Vous m'voyez v'nir, bien sûr... Vous vous dites : « Y veut m'bummer d'l'argent. » L'errance a plusieurs visages, l'itinérance en est un, et l'errance c'est l'urgence. Il ne s'agit pas de débattre ici de la *grave* question : « À quoi servira mon obole ? » Ou bien, dit autrement : « Mon p'tit change ne va-t-il pas contribuer à creuser davantage l'abîme insondable de l'exclusion dans laquelle cet être humain s'est lui-même enfermé ? » Ou encore, plus prosaïquement : « Y va-t-y aller l'boire pendant que moé j'travaille ? »

C'est sans doute le genre de questions que vous vous posez en contournant un « yéti errant » qui vous tend la patte sur la rue. Vous vous empressez de répondre « oui » intérieurement, juste avant de passer devant lui en vous félicitant d'avoir sauvé 30 ¢ et en savourant la joie intérieure d'avoir *aidé* votre prochain contre lui-même, sans qu'il le sache, de façon humble et *désintéressée* (c'est l'cas d'le dire). Vous avez lutté contre vous-même vous aussi... Vous avez réussi à ne pas donner. L'émotion vous arracherait des larmes si vous n'étiez pas si pressé d'éviter l'prochain yéti deux coins d'rue plus loin, bien visible celui-là... Eh oui ! y'en a beaucoup trop ! quelle plaie !

Je ne parle pas de l'autre âme généreuse qui, au détour du même yéti, se demande s'il s'agit là d'un authentique, d'un *vrâ* ! Ha ! comme je comprends votre circonspection ; vous êtes prêts à donner mais comment avoir la garantie qu'il s'agit là du *vrâ*, d'un vrai quoi au juste ?... En té cas, voici le truc. Cherchez l'ami, à ses côtés, bien visible. Pas très loin derrière lui ou bien en évidence devant lui, ou plus sûrement au-dedans de lui. Oui, oui, l'ami des *vrâs*. Sans cet ami, il ne serait pas là, lui, à s'humilier devant vous... Vous l'avez peut-être connu vous-même, l'ami... c'est la misère.

Bin sûr vous pouvez donner pour pas m'voir ou m'regarder sans m'voir... Mais quand j'te d'mande un plaster, raconte-moé pas que tu travailles dans un hôpital. J'te vois v'nir... moé aussi !

Interview avec un dealer de drogue

# Le vendeur vampire n'a pas de reflet ni de remords

*Gabriel Bissonnette*

Il y a plusieurs types de dealers : des jeunes, des vieux, des drogués et d'autres qui ne le sont pas, sinon à l'argent. J'en ai rencontré un au centre-ville, appelons-le Bob, qui a bien voulu répondre à quelques-unes de mes questions, impertinentes à son goût.

Bob est vendeur dans le centre-ville de Montréal depuis quatre ans. Il vend de la cocaïne et, à l'occasion, du hasch. On peut dire que Bob est un peu plus rusé que les autres dealers du centre-ville. Ce qui le distingue des autres, c'est qu'il n'a pas d'endroit fixe pour revendre sa camelote, ce qui le rend difficile à coincer pour les policiers. Il ne vend pas chez lui ou dans un commerce. Il n'est jamais au même endroit. Il suit une sorte d'itinéraire que ses clients connaissent bien. À sa façon, il est stable, c'est un régulier. Son horaire, ses habitudes et ses spots ne changent jamais.

Bob n'offre pas l'apparence de la petite crapule en veste de cuir, le stéréotype du revendeur de drogue habituel. Il est très bien habillé, comme vous et moi. Au coin d'une rue du centre-ville, on croirait voir un touriste à la recherche d'une attraction.

Contrairement à ceux qui vendent pour avoir suffisamment d'argent pour se payer leur propre drogue, Bob ne consomme pas, ce qui est rare dans ce domaine. Son travail (si on peut appeler ça un travail), il le fait uniquement pour l'argent. « Je fais entre 200 $ et 400 $ par jour, m'a-t-il dit. Ça dépend des journées. Pis par semaine, ça me fait environ 2 000 $. » Il faut mentionner que Bob reçoit du BS en plus. Il ne se sent pas plus coupable que ceux qui travaillent au noir.

Bob n'a pas de problèmes de conscience. « Jeune homme, m'a-t-il dit, si j'avais des remords de conscience, je serais pas assis avec toi pour te parler de moi. Écoute ben ce que je vais te dire, O.-K. ! Il y a des jeunes de 15 à 20 ans qui viennent m'acheter ma poudre, et moi je me rappelle que quand j'avais 15 ans, j'étais conscient de ce que je faisais. À 15 ans, t'as plus ta couche au cul. Ça fait que pour moi, ça règle le problème des clients qui ont moins de 18 ans. Pis pour les autres, ils sont vaccinés et majeurs, alors pourquoi avoir des remords ? En plus, je ne vends pas de la merde. C'est de la coke de bonne qualité, ça fait que je ne les empoisonne pas. Pis en plus, je ne fronte pas, ça fait que y'a pas de collecteur qui court après eux. Comment puis-je avoir des remords si je fais bien ma job ? »

Bob a commencé à changer de couleur quand je lui ai fait remarquer qu'il y a des consommateurs qui volent ou se prostituent pour se procurer de la dope, que d'autres font des overdoses. « Hé ! Écoute-moé ben, mon cacaille, m'a-t-il hurlé à deux pouces du nez, je force personne à se mettre ça dans le bras ou dans le nez. Aussitôt qu'ils l'ont entre les mains, ça ne me regarde plus. »

Le service après-vente, il ne connaît pas ça. Si un de ses clients est malade ou meurt, ce n'est pas de ses oignons : « Je m'en fous parce moi, ma job, c'est de vendre la came, ce n'est pas moi qui la fabrique ou qui la coupe, en plus je fréquente pas ma clientèle. »

Comme la plupart des dealers, il ne craint pas tellement la police. « Je me suis fait arrêter deux fois, mais y'ont rien trouvé sur moi pis y'ont été obligés de me relâcher. Pis fais-toi-z'en pas, j'ai des bons avocats, y coûtent cher mais y sont efficaces. Oublie-pas, je fais assez d'argent pour m'en payer. »

J'ai terminé mon entrevue sur cette note pour deux raisons : la première, c'est que Bob en avait assez de se faire poser des questions et, de deux, moi j'en avais assez de Bob. Je trouvais que l'air commençait à puer et ça commençait à devenir plutôt irritant à mon goût.

# Mon retour en société

*Jean-Pierre Lizotte**

J'éprouve bien des craintes, bien des peurs et de nombreuses inquiétudes vis-à-vis de mon retour prochain au sein de la société. Le monde n'a pas cessé de tourner sans moi : depuis 1973, il est passé sous les ponts une quantité indescriptible de liquide. Je suis un naufragé du système carcéral. Je serai libéré le 27 mars 1996 après avoir passé *in and out* 19 ans et 2 mois en prison. À ma sortie, je voudrais un travail comme travailleur de rue pour lancer une bouée de compréhension aux malheureux qui peuplent les rues d'une société qui les méprise sans toutefois les secourir et leur donner la *chance* d'un nouveau départ.

Je sors de prison meurtri par l'appareil judiciaire et carcéral, et par la drogue. Dans le numéro de février, j'ai écrit que la drogue est crue et cruelle, je sais de quoi je parle. La drogue a fait de moi un séropositif. J'ai été contaminé par le virus. Je suis VIH et cela me donne encore plus de détermination à vivre *dehors*, en société. Je ne veux pas vivre et mourir en prison. J'ai donné au système carcéral ma jeunesse… donc, je me réserve ma vieillesse.

---

* Correspondant de prison

# Ça grouille dans les ruines
## Réappropriation des bâtiments abandonnés par la faune nocturne

*Richie Combo*

Certains immeubles de Montréal sont abandonnés à leur sort pendant de longues années, leurs propriétaires les laissant parfois se détériorer (pour toutes sortes de raisons) à un point tel qu'ils deviennent des ruines contemporaines. Avant de se retrouver sous le pic des démolisseurs, ces espaces sont souvent envahis par toute une faune urbaine de locataires particuliers : des toxicomanes vont s'y piquer, des punks y squattent et des gais y soulagent leur libido. Notre reporter-choc s'est penché sur la question et il nous livre un édifiant témoignage sur ses rencontres nocturnes dans une ruine du genre.

### Il fait froid dans le frigo (ou l'architecture du désir)

Jeudi soir, 22 h. Je descends la rue Amherst en vélo pour aller explorer le frigo. Juste avant d'arriver à la rue Saint-Antoine, j'aperçois la masse grisâtre et imposante de cet ancien entrepôt frigorifique qui se dresse enfin devant moi. L'immeuble est complètement dévasté. Il n'en reste que la carcasse, un immense squelette décharné et ouvert à tous les vents. Je m'engouffre dans le lieu par une brèche dans la clôture grillagée.

Des dizaines de colonnes de béton alignées s'offrent à ma vue, évoquant les vestiges d'un temple antique. L'endroit semble désert et désolé, mais peu à peu, des silhouettes se découpent dans la lourde pénombre. Avec un peu d'imagination, je pourrais croire que ces ombres sont des archéologues explorant le site mystérieux d'un culte particulier. Je découvrirais bien rapidement que c'est le culte du phallus qui est célébré à cet endroit.

Le sol est jonché de débris de toutes sortes et le parcours est parfois difficile d'une colonne à l'autre. Un silence presque religieux règne dans ce sanctuaire érotique brisé sporadiquement par un bruit de pas ou un lointain gémissement de jouissance.

Je suis fâché de voir ces locataires d'un soir errer dans les décombres à la recherche d'un bonheur d'occasion. On se croise, on se toise, on se sent, on se plaît et on se donne du plaisir. Ici, deux hommes d'âge mûr se régalent d'un Priape bien bâti au crâne rasé. Là quatre jeunes hommes assouvissent ensemble leurs désirs sous les regards envieux d'hommes plus âgés.

Un gars s'engouffre dans le trou d'un des rares murs de l'endroit et, ne suivant que mon instinct de journaliste à temps partiel, je m'aventure à sa poursuite. Je pénètre dans une vaste pièce carrée qui était une cage d'ascenseur dans une vie précédente. Dans la noirceur, je parviens à distinguer un vieux matelas sur ce qui reste de la dalle de béton. Je regarde en haut et j'éprouve un étrange vertige à voir les étoiles briller à travers le reliquat des poutres du défunt ascenseur.

Je reviens sur Terre et enligne mon colocataire. Son regard brillant de prédateur et son organe érectile en main me laissent présager qu'il entend bien jouir des lieux avec moi. Mais n'écoutant que mon devoir, je trouve le courage d'entamer la conversation sur les autres locataires du frigo depuis que les gais ont investi le bloc. J'apprendrai que des punks viennent s'y réfugier encore à l'occasion, que les junkies s'y font rares et discrets et que des dizaines d'hommes s'y rendent chaque soir malgré le risque de descentes policières de plus en plus fréquentes. Ce lieu interdit semble donner bien des sensations fortes à ceux qui ont quitté le parc Lafontaine, devenu peu sécuritaire la nuit.

Je ferme les yeux et m'apprête à prendre l'ascenseur pour le septième ciel. Je m'abandonne au plaisir tout en pensant que les ruines ne sont jamais totalement abandonnées, et que les fantômes qui les habitent sont souvent bien vivants.

# L'échange de cadeaux
## Conte de Noël

*Céline Landry*

Il fallait bien que décembre finisse par revenir avec sa neige, son froid, ses beuveries. Je déteste décembre. Je déteste aussi l'homme de décembre. Ce soir, il est entré en titubant, frappant son grand corps contre le cadre de la porte, contre son copain, contre le cadre... Sans me regarder, il a déraillé : « Ça va être la fête de Noëlle à soir ! » L'autre a ri, bêtement, de ce vilain jeu de mots. Avant que j'aie pu réagir, ils fonçaient sur moi. Lourds, sales, puants. Ah ça, pour en voir des étoiles, j'en ai vu ! Pire, il n'y avait même pas de sapin en-dessous.

Mon enfance m'est remontée, tout d'un coup, juste-là, entre l'envie de vomir et de mourir, car mon père aussi était un grand faiseur d'étoiles. Ils se sont trouvés très drôles, se sont félicités de leurs performances respectives puis ont quitté la pièce. Sans intérêt pour l'amas de chair tuméfiée et sanguinolente qui gisait recroquevillée dans le coin de ce qui passait ici pour un salon. Lui aussi dit m'aimer, lui aussi dit que c'est pour mon bien.

Du revers de la manche, j'ai essuyé d'un même mouvement la morve, le sang, la honte et la peur. J'ai chaussé mes bottes de vinyle rouge. Elles me gèleront encore les pieds, mais ce soir elles sont de mise. Les jambes flageolantes, je suis sortie. Les lumières multicolores qui bariolent la ville m'ont crevé les yeux. Première chute. « Mais non, ce sont les boursoufflures, pauvre idiote ! » Je pose ces fentes sur le trottoir, mon trottoir. Je cherche avec ce qu'il me reste de regard *le* client, celui qui veut s'offrir un beau petit cadeau ce soir. Un cadeau tout moche, tout amoché mais un cadeau quand même. Deuxième chute. Je n'y arriverai pas. Même avec un chou au cul, je n'y arriverai pas. Un dealer secoue sa poche au coin de la rue : « Oh ! oh ! oh ! » Dans ma tête, le tintement des grelots de la fête, l'appel de la féerie, du gros party, peu importe qu'il soit de Noël ou pas. Me parviennent des bribes, venues de je ne sais où : « As-tu été bien sage ma p'tite fille ? » Je tends la main. Il crache dedans. Je lui tends un billet, mon dernier. Il me refile sa came. Troisième chute.

Dans une ruelle, je me colle contre un mur. Un seul geste et c'est l'extase. Je le sais mais j'hésite encore. C'est si court, tellement court. Je glisse doucement sur mes talons ou je m'enfonce profondément, je ne sais trop. À côté de moi, une forme gémit dans sa fourrure sombre. Je la caresse machinalement. Une tête blonde émerge. Elle me dit : « Je vais mourir. » J'ai envie de lui dire : « Chanceuse ! », mais je me retiens. Elle renifle. « T'as du stock ? », qu'elle me demande. « Non », que je mens. « Dommage, qu'elle dit, ça aurait pu être ta chance ». « Pourquoi ? », je dis. « Parce que », qu'elle répond et je ne sais pas pourquoi, mais ça me suffit. Je frissonne, j'ai les pieds gelés. Elle me tend sa fourrure, je lui tends mon sachet. Je l'endosse, un bras après l'autre. Je remarque comme ils sont maigres, comme ils sont bleus, pleins de bleus suspendus aux branches de mes veines comme des boules dans l'arbre. Elle, sans sa fourrure, elle est bien pire.

« Tu sais, je ne croyais pas que c'était aussi facile de changer de peau », que je lui dis. Elle ne dit rien. Je ferme les yeux. Je caresse mon corps, mon corps étranger tout à coup trop doux, trop beau, trop chaud. Quelque chose m'étreint la gorge : c'est mon premier échange de cadeaux de Noël. « J'étouffe ! » Qu'est-ce que cela ? « Je vais mourir, c'est sûr ! » Mais non. C'est elle qui est morte contre le mur. Elle ressemble à un graffiti raillant à la face du monde. Une overdose... et c'est moi qui lui en ai fait cadeau. J'enfouis mes mains dans les poches, je serre les pans contre moi, je serre les poings. Je m'arrache du mur et je quitte la ruelle. Je ne dis pas merci, je ne dis pas pardon, je ne dis rien. Il est des ruelles où les mots ne servent à rien.

Depuis, j'ai échangé la fourrure contre un appartement. Il est vide, sale et froid, mais il est à moi. Dans un coin du salon, il y a une patère. À un de ses crochets pend un vieux bout de guirlande, celle-là même qui tenait roulé bien serré le petit rouleau de billets serrés dans un poing serré dans la poche d'un manteau serré sur une émotion nouvelle. J'y accroche mon regard quand la vie me happe et je me dis alors que les cadeaux que nous fait la vie n'ont pas besoin de faste et de clinquant pour que, quelque part, on ait la certitude de participer aussi à la fête.

# Dieu joueur de tours
## Conte de Noël

*Patrick Ranger*


Depuis deux semaines que je tourne en rond. Je suis marabout !
N'essayez même pas. Y'a rien à faire.
Je suis plus qu'écœuré. J'ai la rage au cœur.
Y m'auront pas !
Non. Rien ni personne ne pourra rien pour moi maintenant.
Laissez-moi bouillir. Seul.
Bouillir et m'évaporer ensuite.

Ça fait deux semaines que je cherche, Christ !
Y'en a pas d'job !

Parlant du Christ, ce sera Noël à minuit.
Plus le temps avance, plus j'avance dans le temps,
et plus l'attente est pénible.

Noël !
Noël ! La fête du p'tit Jésus.
Jésus doit être venu au monde en été,
ou au printemps, comme moi.
Sinon il aurait eu froid lui aussi.
C'est pas une température pour accoucher dehors, ça.
Voyons donc.

Non, c'est faux.
Noël pour moi c'est pas les cadeaux ;
c'est le don.
C'est pas le beau p'tit sourire tout mignon
sur les ronds visages des enfants super sages

22

et hypergâtés par toutes sortes d'extravagâteries,
mais plutôt l'émerveillement total d'un jeune de la rue
devant une bonne table.

Pas besoin d'être riche pour se donner.
C'est pas parce que je suis sans le sou
que je suis sans cœur.
Louise, elle, ne pense pas comme ça.
Alors elle m'a foutu à la porte.
J'habite chez ma mère pour l'instant.
Comme elle dit, j'encombre son salon.

Sur cette pensée, je m'ouvre les yeux.
Je frisonne. Faut que je bouge.
Je suis assis sur un banc de bois glacé au carré Saint-Louis.
Je me frotte les mains en les chauffant avec mon souffle.
Je me roule une cigarette,
et je retombe dans mes pensées sordides.

Ce soir, ma mère sera à Sherbrooke,
comme prévu.
Ma sœur est avec sa belle-famille,
comme prévu.
Moi, je serai ici à me geler les billets,
comme prévenu.
Non, je n'ai plus de père.
Môssieur Jésus en a deux, lui.
L'un est saint, l'autre est dieu.
Il est roi et partout à la fois.
Moi, je suis seul ici et j'ai froid.
Alors sacrez-moi la paix.

J'allume ma cigarette.

Tiens ! Qu'est-ce qu'il me veut celui-là ?
Un gars en chaise roulante électrique s'approche de moi,

avec un sourire niais sur le visage.

On dirait bien que c'est moi qu'il fixe !

Il ne voit donc pas que je suis occupé en ce moment,

occupé à me faire du mal ?

« Salut ! Qu'il me dit avec son sourire.

— Hmouais ! Que je lui réponds avec le goût de mourir.

— Ça t'tente-tu d'fumer un joint ?

— J'ai pas d'argent.

— Ch'te paye la touche si tu roules. »

En guise d'explication,

il me montre son moignon.

Plus de bras gauche, plus de jambes,

deux doigts manquaient sur son unique main.

Et ce sourire, toujours ce sourire.

De quoi je me plaignais déjà ?

« Pourquoi moi ?

— Parce que tu sais rouler, il pointe ma cigarette.

Pis qu't'as l'air cool.

Je regarde ma cigarette, puis le gars.

Pour la première fois je le regarde dans les yeux.

Je l'ai tout de suite aimé.

— O.-K. Ça marche. »

Nous avons parlé, nous avons ri, on a fumé.

Il m'a demandé : « Qu'est-ce que tu fais à soir ?

— Je ne sais pas.

Je vais sûrement m'acheter de quoi à boire

et me saouler pour m'endormir avant minuit,

et toi ?

— Rien de spécial !

— Un petit party avec une couple de gars cool, tu veux-tu venir ? »

J'ai répondu « oui » en toute confiance.

Comme on dit toujours « oui » à son grand frère.

Il m'a donné son adresse.
J'ai été me laver, me changer.
Puis je me suis rendu à l'appartement.

J'ai passé là le plus beau Noël de ma vie.
N'en déplaise.
Nous étions six.
Six malheureux des Fêtes, comme moi.
Six misérables en mal d'amour réunis pour faire la fête.
Nous nous comportions ensemble comme de vieilles connaissances.
Des potes. On a parlé de tout, sauf de nos malheurs.

À un moment donné,
Tout de suite après le décompte,
je crus voir Renaud, l'handicapé, comme briller.
Une sorte de lueur blanche enveloppait son petit bout de corps.
Ça a disparu vite.
Je n'en ai pas fait une histoire.

Ni l'un ni l'autre ne se connaissaient avant.
À part Renaud, je les ai tous revus.
Renaud, semble-t-il, n'a jamais existé.
Nous l'avons tous cherché, seuls ou en équipe.
Partout on nous disait : « Jamais vu, connais pas. »
Le plus étrange dans tout ça,
c'est l'appartement où nous avions fêté Noël.
Il était habité par la même famille depuis trois ans.

Je vais vous dire, je n'ai pas rêvé tout ça !
Ou bien nous sommes cinq à avoir fait le même rêve éveillé ?
Non, je ne suis pas fou je vous le dis, je vous le répète.
Prenez garde ! Prenez garde.
Car Dieu est un vieux joueur de tours.

# Les derniers seront les derniers
Une église profite de Moisson Montréal
pour faire du recrutement

*Patrick Ranger*

Un après-midi, alors que je vendais *L'Itinéraire* en face de la pharmacie Jean Coutu, rue Ontario au coin d'Aylwin, j'offre le journal à un couple qui sort de la pharmacie :

« Bonjour Monsieur, bonjour Madame, *L'Itinéraire* ?

— C'est quoi ça, *L'Itinéraire* ? me demande l'homme. Je lui explique.

— Pourquoi vends-tu ce journal-là ?

— Pour me permettre de manger tous les jours, et en même temps, ça donne un coup de main au Groupe communautaire L'Itinéraire. » C'était la réponse qu'ils attendaient. Ils se sont regardés d'un air complice, dans leurs yeux je pouvais lire : « On vient d'en trouver un ! »

On a parlé des misères de ce monde : c'est-écœurant-ça-a-pas-d'allure-ça-s'peut-tu-où-cé-qu'on-s'en-va ! Puis, après m'avoir acheté un journal, ils m'ont invité à assister à une messe d'une demi-heure où je pourrais sauver mon âme.

« Une messe ! Vous seriez pas chrétiens, vous ?

— Oui, nous sommes chrétiens.

— Écoutez, je crois en Dieu, mais je préfère prier seul, chez moi.

— Ho ! Mais ne t'en fais pas ! Cela ne t'oblige à rien. On y chante, on y prie, on parle de Dieu et après… (*clin d'œil à sa femme*) on donne de la bouffe. C'est à ce moment-là que j'ai compris qu'ils étaient en train de faire du recrutement… par l'estomac. J'ai décidé de jouer le jeu.

— Ça dure juste une demi-heure, c'te messe-là ?

— Ce n'est jamais plus long que trois quarts d'heure.

— Et vous en donnez beaucoup de bouffe ?

— Mon gars ! Tu vas en avoir pour au moins une semaine.

— O.-K… je vais y aller. »

Ils m'ont donné l'adresse du Centre évangélique, situé au 1455 rue Papineau. D'un côté comme de l'autre, je n'avais pas grand-chose à perdre. Je me disais : « Je vais écouter leurs conneries et je vais rire une petite demi-heure, puis après je vais recevoir de la bouffe pour une semaine. » Erreur ! La fameuse messe a duré deux heures ! Un preacher complètement hystérique de 6 pi 4 po, 300 livres, a scandé son message pendant une heure et demie. « Ouvre ton cœur à Jésus et tu seras guéri », en tentant de nous faire accroire que lui, l'armoire à glace, avait été condamné à mort par 11 médecins : il était ben malade ! Et, un jour, il a ouvert son cœur à Jésus, il a guéri miraculeusement. Il n'était plus jamais malade maintenant. Alléluia ! Vive Jésus, on n'a plus besoin ni des docteurs ni des hôpitaux, amen ! Le tout traduit au fur et à mesure en espagnol pour les trois quarts de l'assistance, de nouveaux immigrés au ventre aussi vide que le mien.

Pour rire, j'ai ri ! Une dame est tombée dans l'allée juste en face de moi. En transe profonde, elle tremblait de partout et parlait un langage inconnu de tous. Le preacher a tout de suite accouru. Pas pour voir si elle s'était fait mal en tombant, comme je le croyais. Au contraire, il lui a pris la tête à deux mains et il s'est mis à crier après elle éperdument. La bave coulait et giclait partout sur la dame à chacune de ses paroles : « Sors, sors démon, je t'ordonne de quitter ce corps, au nom de Jésus de Nazareth… » Un vrai fou ! J'ai dû me cacher le visage dans mon foulard tellement je riais. J'avais peur qu'en me voyant rire aux éclats, le preacher me prenne pour le démon en question et se mette à gueuler après moi aussi.

Plusieurs fois j'ai eu envie de sacrer mon camp. Mais, par curiosité et aussi parce que mon réfrigérateur était vide, je suis resté jusqu'à la fin. Au lieu de me mettre en ligne pour recevoir ma bouffe, comme tout le monde, j'ai fouiné un peu partout, j'ai posé des questions. C'est là que j'ai vu un père de famille se faire refuser de la nourriture parce qu'il était arrivé vingt minutes après le début de la messe. Plus tu arrives tôt, plus tu as de la bouffe. J'ai reçu du yaourt en masse (j'aime pas ça), trois pains, de la nourriture pour bébé, un sac de nouilles, une canne sans étiquette, trois salades, quelques légumes et deux boîtes de Jos Louis. Une semaine de bouffe, mon cul ! Pour un végétarien au régime, peut-être.

Le pire dans tout ça, c'est que ce n'est même pas eux, les bons chrétiens, qui la donnent, cette nourriture-là. Une personne qui distribuait la bouffe m'a affirmé que ça venait de l'organisme Moisson Montréal. Méchante gamique ! J'ai téléphoné pour vérifier si c'était vrai. Mme Louise Lavigne, coordinatrice au service interne, m'a confirmé qu'elle fournissait bien de la nourriture au 1455 Papineau, mais à un organisme nommé L'Accès, et non au Centre évangélique. Elle aussi a trouvé scandaleux que ce centre se serve de leur nourriture pour faire du recrutement. Moisson Montréal interdit que l'on force les gens à assister à une messe ou à une réunion en échange de nourriture. On promet de faire une enquête.

Les aventures gastronomiques d'un sans-abri
# Se nourrir dans les poubelles...
## et survivre

*Cylvie Gingras*

Après avoir lu *The art and Science of Dumpster Diving* (*L'art et la science du plongeon dans les poubelles*) de John Hoffman, Amy Dacyczin (éditrice de *The Tightwad Gazette*) a décidé d'explorer avec lui les frontières frugales. Elle nous livre le récit de son exploration dans le journal de rue de Seattle, le *Real Change*.

Dans son livre, Hoffman met l'accent sur trois aspects de la fouille dans les poubelles. Les Américains sont incroyablement gaspilleurs et jettent toutes sortes de bonnes choses ; ils sont snobs et ont peur des germes ; et à cause des deux premiers points, la brave personne qui est prête à plonger tête première dans ces cavernes urbaines interdites sera largement récompensée.

Hoffman a 27 ans et appartient à la troisième génération de plongeurs de poubelles. Sa grand-mère, qui a débuté sa *carrière* sur le tard, en est à sa vingtième année d'expérience. Presque tout ce qu'il possède, tout ce qu'il porte et tout ce qu'il mange provient des poubelles. Même s'il a un diplôme et un travail, il continue de fouiller dans les poubelles parce que pour lui, c'est une action profitable, agréable et responsable d'un point de vue environnemental.

Son livre contient des anecdotes cocasses et des renseignements qui peuvent se révéler utiles.

## Dans le ventre de la poubelle

• Si vous plongez bien et régulièrement, vous n'aurez plus jamais à acheter les articles suivants : enveloppes, vêtements, cintres, boîtes, plantes intérieures, décorations de Noël, cassettes vidéo et audio, meubles, chandelles, articles de toilette, livres, revues, bijoux de pacotille, etc.

- Le mythe selon lequel les poubelles sont infestées de rats est sans fondement. En 20 ans de fouille, il n'a vu qu'un seul rat. Mais il garde les yeux bien ouverts sur la poudre blanche pulvérisée dans les conteneurs, car cela peut être du poison à rat.

- L'idée que les conteneurs sont pleins de seringues contaminées est fausse, selon Hoffman. Il n'a vu aucune seringue dans les dizaines de milliers de conteneurs qu'il a visités, mais il faut quand même faire attention.

- Pour la bouffe, Hoffman préfère les conteneurs des boulangeries et des épiceries parce que les paquets de nourriture ont été très peu manipulés. Dans une semaine moyenne, 50 % de sa nourriture provient des poubelles. Il trouve entre autres des conserves, des fruits légèrement meurtris et des fromages un peu passés date. Il est évident qu'Hoffman est moins difficile que la plupart des gens, (il a même inventé des recettes comme *Mauvaises bananes au substitut de crème fouettée*), mais ses suggestions sur l'art de trouver et d'utiliser la nourriture peuvent s'avérer intéressantes pour les personnes vivant dans de dures conditions économiques. La nourriture douteuse peut aussi être conservée pour nourrir les animaux.

- Parmi les conteneurs favoris d'Hoffman, il y a ceux des hôtels (pour les tonnes de savon), des magasins d'escompte, des fleuristes (vous pouvez fleurir la tombe de vos maîtresses), des confiseries, des librairies, des magasins de jouets, des pépinières (avec des arbres fruitiers qui avaient été jetés, il a planté un verger chez ses parents).

## Quelques conseils pour la plonge dans les ordures :

- Fouillez en début de soirée : les gens sortent leurs poubelles après le souper, et les commerçants après la fermeture des bureaux.

- Portez des gants ainsi que des chaussures solides. Si vous êtes en voiture, apportez un long bâton avec un bout replié pour fouiller, piquer et creuser. Quand il est à pied, Hoffman utilise une antenne de CB et sa grand-mère utilise sa canne. Apportez une lampe de poche pour les fouilles nocturnes et des sacs à dos.

- Pour le plaisir et la variété, les conteneurs d'ordures ménagères sont imbattables. Hoffman recommande aussi ceux des résidences des collèges, car les étudiants gaspillent beaucoup. L'idéal pour fouiller c'est le jour, à l'automne, au printemps et aux vacances de Noël.

- Quand vous plongez dans un conteneur, vous devenez invisible et les gens passent leur chemin comme si vous n'existiez pas. Mais si jamais on vous adresse la parole, utilisez l'excuse universelle : vous êtes à la recherche de boîtes.

Hoffman insiste aussi sur la sécurité. Il existe des techniques spécifiques pour éviter les blessures causées par des éclats de verre ou des chats qu'on dérange, et surtout comment éviter d'avoir la tête tranchée par un couvercle de conteneur qui se referme sur votre tête. Il explique comment convertir *trash to cash* : comment faire de l'argent avec les objets trouvés en faisant par exemple des ventes de garage.

Parce qu'Hoffman n'a jamais été arrêté, il discute peu de la légalité de la fouille de poubelles, mais les lois varient d'un État à l'autre. Amy Dacyczin s'est renseignée auprès de la police du Maine : aucune loi n'interdit cette activité. Le seul problème légal : le conteneur est situé sur une propriété privée et le propriétaire peut porter plainte pour violation de propriété. Même dans ce cas, la police ne donnerait qu'un avertissement au contrevenant. Des policiers ont révélé connaître plusieurs fouilleurs et il ne leur est jamais venu à l'idée de les arrêter.

Finalement, John Hoffman nous suggère de faire de la fouille des poubelles une routine urbaine ou banlieusarde, en vérifiant les bacs à ordures qui se trouvent sur notre chemin. Si le public emboîte le pas, les sans-abri de Seattle auront de la compétition dans leur dernier élan de survie : la fouille des ordures.

# Témoignage d'un gars qui a retrouvé sa vraie beauté

*Martin Beauregard*

J'ai toujours été sensible à la notion de beauté. Je me souviens d'avoir six ans, assis devant un miroir pendant de longues heures, à me demander si j'étais beau. Pourquoi j'étais comme ça ? Je ne m'en souviens pas. Je sais simplement que je n'arrivais pas à me faire une idée juste de moi : ni beau ni laid, j'étais une personne que je trouvais désespérément ordinaire. L'adolescence est venue et j'avais pris le parti de ne pas trop me soucier de ces notions de beauté et de séduction. On verrait bien.

Mais le drame s'est jeté sur moi et a bouleversé ma vie. Dès l'âge de quinze ans, j'ai développé une acné kystique qui me couvrit le visage de protubérances énormes et marqua ma peau irrémédiablement. Une quantité industrielle de médicaments et de traitements ont fini par faire disparaître presque entièrement l'acné, mais les traces sont restées apparentes. Pendant ce temps-là, j'ai développé des complexes et une image négative de moi-même qui me rendirent malheureux jusqu'à la trentaine.

Je ne me trouvais pas beau. Sur la rue, je me regardais constamment dans les vitrines des magasins afin de voir ce que je dégageais. Bien sûr, ce que je voyais était l'image que la société me renvoyait de moi-même, c'est-à-dire les regards qui se détournent, les tentatives avortées de rencontres, les airs condescendants, l'exclusion totale du monde de la séduction, quoi !

Je ne pouvais pas m'imaginer être un objet de désir pour quelqu'un. Alors a débuté la période de fuite des émotions par l'achat de vêtements, produits de beauté, etc. J'ai même consommé des drogues suffisamment fortes qui me permettaient de rencontrer des gens. Mais évidemment, ce n'était pas ma vraie personnalité qui se dégageait. Je jouais un rôle dans lequel je m'oubliais.

Comble de malchance, j'ai commencé à perdre mes cheveux à l'âge de dix-neuf ans. Je ne me voyais pas chauve en plus ! Je suis allé consulter des médecins qui m'ont prescrit des lotions totalement inutiles, mais toutes plus miraculeuses les unes que les autres. Je suis également allé voir une clinique capillaire reconnue, pour voir si une greffe ou une opération pouvaient empêcher la chute de mes cheveux. En entrant dans le bureau, la consultante a fixé le dessus de ma tête pendant une bonne minute avant de lâcher dans un soupir : « Il était temps que tu viennes nous voir ! » Déjà, on me mettait dans une atmosphère de catastrophe. On a entrepris sur moi une entreprise de démolissage. « Tu dois avoir de la misère à cruiser avec tes cheveux qui tombent, m'a-t-elle dit. Tu dois éviter les éclairages violents dans les discothèques parce que ça fait paraître ton cuir chevelu. Tu peux pas continuer de même, tu vas avoir l'air plus vieux que ton âge. » Tout ça avant de me conseiller une opération à 1 000 $ qui consistait à couper des veines du cuir chevelu. Le sang entraînant les hormones mâles responsables de la chute des cheveux, l'opération sert à réduire le flot sanguin et à ralentir le processus de vieillissement.

Je ne me suis pas fait entraîner dans cet attrape-nigaud, mais je suis sorti de là avec une image encore plus négative de moi. J'ai eu quand même des opérations : deux sablages et un lifting. Je n'avais que vingt-quatre ans et j'étais sur le point de rejoindre Liz Taylor ! Ma peau s'est grandement améliorée, mais le sentiment de rejet était toujours là malgré les compliments sur les résultats de ces chirurgies.

Je n'étais pas mieux dans *ma peau*. Mon estime personnelle était tellement basse que je n'étais toujours pas capable d'accepter les avances des autres. Je croyais même qu'on se moquait de moi. Je ne croyais pas pouvoir aimer un jour et être aimé en retour. Malgré beaucoup d'aventures et de succès éphémères, je ne me sentais pas digne d'intérêt. Je m'imaginais que l'on sortait avec moi, faute de mieux...

J'ai fini par me décider à consulter un psychologue. Aujourd'hui, je sais que l'obsession que j'avais sur mes cicatrices cachait un malaise beaucoup plus grand, soit la difficulté de prendre ma place en société. J'étais une personne qui se sentait constamment rejetée et mon acné était un bon prétexte pour nourrir mon sentiment de rejet. Ça m'a pris du temps avant de comprendre tout cela. Après quatre ans de thérapies, à reconstruire mon estime personnelle, je ressens maintenant un bien-être qui me permet de me voir tel que je suis réellement, avec mes forces et mes faiblesses.

Tout en acceptant que l'on ne puisse pas plaire à tout le monde, je réalise que j'ai du succès, autant que n'importe qui d'autre. Et le fait d'être vrai attire des gens qui sont vrais eux aussi, autant au niveau amical que sentimental. Chus pas Brad Pitt, tant pis, mais je ne suis pas l'homme-éléphant non plus. Et que tous ceux qui ne me trouvent pas beau aillent paître jusqu'au Yukon !

# In Pression :
# Impression sur la ville

*LEL*

Pur mur dur
Béton de tout ton

Clochers et clochards
Seringues et sirènes

Café pressé, expression et dépression
Gens fous et gens mous
Gens bons et moutarde au nez

Et les marchands disent concession et diversion
Discours et faubourgs
Et pourtant amour et tambour
Mais si jeunes
Et si peu heureux dans les squares sans places

Que brûle la ville de feux authentiques
Ceinte de Terre-Mère veilleuse offerte aux humains
Aux mains ouvertes d'où coulent la vie
et l'Amour !

# L'échec, faut pas se suicider pour ça !

## *Claude Why Be Bécik Brûlé*

Mot inventé par l'homme pour faire vivre à d'autres des émotions désagréables. J'en ai vécu, beaucoup trop de gens en vivent de plus en plus aujourd'hui. Pourquoi le mot « échec » fait-il trembler les personnes parfois jusqu'au suicide ?

L'échec est l'incapacité d'atteindre les buts fixés dans une vie. Pourrions-nous, gens dits « civilisés », faire en sorte d'atteindre de petits buts avant de planifier une vie entière ? Un échec reste un échec, aussi longtemps que tu ne t'en sers pas pour chercher le cadeau qui se trouve derrière. J'ai beaucoup expérimenté au cours des 17 ans à « itinérer » à travers le Canada et l'Ouest américain. Je me suis retrouvé sur la montagne à Hollywood, Californie, à 20 ans, inexpérimenté, illégal. La majorité de mes proches s'interrogeaient, ne comprenaient simplement pas ma façon de rêver. Il faut vivre les choses pour les comprendre. Pendant longtemps, certains m'ont presque fait admettre que j'étais *wrong* ! Mais les victoires, personne n'y portait attention. Les Québécois dénigrent les gens qui font les choses différemment. C'est pourtant l'unicité de chacun qui fait tourner la Terre. L'échec ne signifie pas que tu as été stupide. Il signifie que tu as eu le courage d'expérimenter et que tu pourrais peut-être explorer une autre avenue.

Lorsqu'en 1977, je suis parti à l'aventure, j'avais une très vague idée de l'Ouest et de la vie itinérante qui m'attendaient. J'en avais seulement entendu parler par des chums. Ils commençaient leur histoire comme celle du Klondike. Mon imagination surpassait la vitesse d'un roller coaster.

L'« échec » ne veut pas dire que tu es un raté. Il est plus juste de penser que tu peux apprendre à en tirer des conclusions. Pendant 17 ans, j'ai voyagé, « itinéré », exploré et expérimenté. J'étais un *Jack of All Trades*. J'ai fondé ma propre compagnie All Stars Trades, une compagnie de rénovations, avec peu de moyens et, plus tard, j'ai fait faillite. J'ai alors expérimenté la signification du mot échec dans tous ses sens.

L'échec ne veut pas dire que tu n'as pas fait ton possible, mais que tu devrais peut-être t'y prendre d'une autre façon. Oui, j'ai vécu dans l'illusion et dans le brouillard. J'ai su tirer profit des bad trips de tout acabit. Ma philosophie d'alors était : « Je vais battre le système à ma manière. » Debout, face à la porte de fer de ma cellule, je regardais dehors, au loin, songeant à ma vie. Trop souvent depuis notre tendre enfance, nous, Québécois, nous répétons : « Tu ne feras jamais rien de bien dans la vie. »

L'échec ne veut pas dire que tu es inférieur, il signifie que tu n'es pas parfait. Je peux toujours repousser mes limites de plus en plus loin. Jouer au cinéma, oui c'est possible. J'ai décidé de vivre une passion que je ne croyais pas possible. Les gens disaient : « Tu rêves... »

Depuis que je suis à L'Itinéraire, je fais du cinéma. Après *Quiconque meurt, meurt à douleur*, de Robert Morin, j'ai participé au film *Snake Eyes* de Brian de Palma. Et tout récemment, j'ai figuré dans *Rats and Rabbits* de Lewis Furey avec entre autres Carole Laure. Après tout ce que j'ai vécu, qui aurait cru que je ferais tout ça aujourd'hui ?

Si le projet que tu as entrepris ne fonctionne pas, il y a peut-être une meilleure voie pour toi. Restons debout devant l'adversité.

Croire en ses rêves, c'est tendre la main au destin...

# Il s'en passe des choses dans une buanderie

*Rebecca Stacey*

Quand on n'est pas riche et qu'on n'a pas les moyens de se payer une Maytag, on va à la buanderie. On y voit toutes sortes de gens, de l'itinérant à Laura Cadieux, en passant par les étudiants ou les prostitués. C'est encore plus le fun dans un endroit aussi coloré que la Buanderie du Village. Nettement plus qu'un simple lavoir, avec ou sans service, elle est accommodante de bien des façons.

Depuis trois ans, Steven dirige le commerce situé au coin d'Amherst et de De Maisonneuve. L'une des raisons d'être de la buanderie est de s'identifier au Village. « La communauté gaie voulait un commerce supplémentaire qui allait la refléter. À peu près 80 % des personnes qui viennent ici sont gaies. C'est une buanderie où le monde fait son lavage comme à la maison. C'est relax et aisé, tant par l'atmosphère que par l'espace dégagé », commente Steven, désignant l'immense vitrine.

## Laver, laver

« Il y a quelqu'un ici, de l'ouverture à la fermeture, pour aider les gens, ajoute Steven. On fait aussi le lavage des clients sur demande, car il arrive souvent que ceux-ci travaillent ; d'autres sont trop pressés. Environ 30 % de la clientèle nous apporte son linge. Des restaurants et même des hôtels viennent faire leur lessive ici. »

La buanderie reçoit toutes sortes de clients, même des gens bien en vue comme des politiciens, des sportifs et des artistes. « La clientèle je l'apprécie beaucoup, du p'tit monsieur Tout-le-Monde, en passant par l'étudiant jusqu'au touriste, c'est un plaisir d'entrer travailler. Les clients prennent le temps de nous jaser, ajoute Steven, toujours en train de frotter. Tous les soirs, on fait brasser les laveuses à l'eau javellisante et les sécheuses sont essuyées. »

## De la personne connue à la personne de la rue

« Si je vous disais que des artistes du Festival Juste pour rire viennent laver ici, ainsi que des chanteurs et même des acteurs, ajoute le patron. Je me souviens d'un acteur aux cheveux roux, qui a fait un film avec Kevin Costner. Des séquences de films ont été tournées ici-même à la buanderie. L'an passé, en juillet, on y a tourné une séquence d'un film sur deux gais qui se rencontrent dans une buanderie et qui développent une relation. »

L'itinérance telle qu'on la constate partout m'a amenée à demander si des sans-abri venaient à la buanderie. « Bien sûr et je n'ai rien contre ces personnes, même que je n'ai pas de problèmes avec elles. Justement, il y a cette dame que j'aperçois souvent dans la rue, elle porte toujours deux gros sacs sur ses épaules et vient faire son lavage ici. Toujours polie, elle se place dans un coin, achète son savon et fait sa p'tite affaire bien tranquille. En fait, c'est ma clientèle la plus sociable. Bien sûr, il m'en arrive qui sont en état d'ébriété ou qui propagent des odeurs insoutenables. Je les invite gentiment à quitter la buanderie », termine Steven.

## Tant d'usagers, tant d'anecdotes

Des événements comiques se produisent à tous les jours, Steven en est directement le témoin. « Une personne peut se tromper de sécheuse et amener le linge d'une autre. J'ai vu des personnes se déshabiller jusqu'à leurs bobettes, pour laver les seuls vêtements qu'elles portaient. Je n'oublierai jamais ce client qui, à son arrivée, au lieu de se dévêtir sur place, s'est dirigé vers les toilettes pour en ressortir vêtu d'une espèce d'imperméable brillant. Il a été facile de me rendre compte que l'homme était nu sous son imper afin de laver ses sous-vêtements. »

« Il y a eu aussi cette scène où un homme a lavé ses vêtements sans vérifier si un morceau de linge d'une personne précédente était resté dans la laveuse avant d'y déposer le sien. Une fois la brassée terminée, l'homme sort les vêtements en voyant bien qu'il y pend aux bouts de ses doigts, une brassière de femme. "Ceci ne m'appartient pas, je ne sais pas ce que ça fait là", m'a-t-il dit, gêné et mal à l'aise. »

Des gens se trompent et mettent linge et savon dans une sécheuse, d'autres partent la laveuse en oubliant de déposer leur linge, etc. Chaque client laisse un peu de lui-même à la buanderie. « Si je vous disais qu'environ aux six mois, j'installe une boîte pleine de vêtements variés, qui ont été oubliés dans les machines ou sur les tables, afin de les offrir aux clients présents.»

«Enfin, sans vantardise, je me vois comme une attraction pour les passants (y compris d'ex-flammes amoureuses) qui me saluent, me regardent et me parlent par signes à travers la vitrine pendant des heures. À un tel point que je me sens parfois comme un animal en cage. Par chance, que je ne suis pas vilain. Au contraire je suis très patient et doux, je ne mords pas», termine Steven de son grand sourire aux dents si blanches qu'on se demande s'il les brosse avec le Tide javellisant...

# Mon étiquette, c'est ma casquette

## Alcatraz, alias Alain Coulombe

Depuis mon arrivée au journal, il y a cinq ans, tous me surnomment « Alcatraz ». Puisque ma signature suscite tant de curiosité, j'ai enfin décidé de vous en dévoiler l'origine.

Il y a une dizaine d'années, un gigantesque bazar avait eu lieu au célèbre bar Le Lézard, du Plateau Mont-Royal. Des kiosques disparates se côtoyaient et toutes sortes d'objets hétéroclites s'y retrouvaient. J'ai donc acheté quelques gadgets, ainsi qu'une casquette originale provenant de la prison d'Alcatraz. Je l'avais payée la somme symbolique d'un dollar. C'est la seule casquette que j'ai portée au cours de mes 46 années d'existence. Je ne me suis d'ailleurs jamais coiffé de bérets, chapeaux ou bandeaux auparavant, sauf à l'école primaire où il fallait porter la petite casquette bleu marine réglementaire. Que de souvenirs.

### La casquette fait le camelot

Lorsque j'ai commencé à vendre le journal, les gens qui me côtoyaient régulièrement m'ont affublé du surnom d'Alcatraz. Le staff du journal l'a aussi adopté et j'en ai étendu sa portée lorsque j'ai signé « alias Alcatraz » lors de la parution de mon premier article en septembre-octobre 1994. Depuis, même ma clientèle me nomme ainsi.

Malheureusement, ma première casquette n'a pas fait long feu : lors d'une promenade à vélo, elle s'envolait continuellement au vent. J'avais alors demandé à ma voisine d'y coudre un serre-tête. Elle est ensuite venue frapper chez moi pour me la rapporter et, comme je ne répondais pas, elle l'a accrochée à ma poignée de porte. Quel manque de jugeote ! Évidemment, je me suis retrouvé bredouille.

### Un client généreux

Peu après, alors que je vendais *L'Itinéraire* à la station Berri-UQAM à la sortie Place Dupuis, j'ai rencontré quelqu'un qui portait justement cette fameuse casquette. Je lui ai donc demandé s'il accepterait de me la vendre. Il m'a répondu qu'il était disposé à me la céder pour 10 $. Malheureusement, je n'avais pas ce montant en poche. Je venais de commencer ma journée de vente et je n'avais que des journaux. Il m'a alors dit qu'il repasserait plus tard. À son retour, je n'avais vendu que trois numéros à 2 $ l'exemplaire. Je lui ai dit : « Désolé, je n'ai que 6 $. » Il m'a répondu : « Vendu. » J'étais fou de joie !

## Chanceux dans ma malchance

Puis, encore une fois, je l'ai perdue lors d'une violente tempête de neige. Quelques jours plus tard, alors que je vendais L'Itinéraire à Berri-UQAM, un étudiant avait remarqué que je ne portais plus ma célèbre casquette. Il m'a donc abordé pour s'enquérir de ce fait inusité. Il m'a alors dit avec fierté qu'il en avait trouvé une exactement là où je l'avais perdue. Il me l'a donc ramenée au journal.

## La baraka m'abandonne

Puis, à la fin de l'automne 1998, alors que je revenais du journal en vélo, une rafale de vent me la souffla. Elle fut violemment emportée dans ce tourbillon et j'ai dû en faire mon deuil. Je profite donc de cet article pour solliciter les lecteurs du journal qui s'apprêtent à jouir de leurs vacances. Si, par hasard, quelqu'un a décidé d'aller visiter la prison d'Alcatraz au large de la baie de San Francisco, je lui demanderais de me faire l'heureuse surprise de me rapporter une nouvelle casquette. Je suis prêt à en assumer le coût et même à offrir un supplément. J'accepte aussi les vieilles casquettes qui traînent dans les fonds de tiroir. Récemment, un lecteur m'a donné un t-shirt du resto Alcatraz situé à Montréal-Nord. Je l'en remercie sincèrement.

P.-S. : Je ne suis pas le célèbre évadé d'Alcatraz personnifié par Clint Eastwood au cinéma !

# Tenter la vie, oser la vieillesse

*L'audace de vieillir*, d'après Albert Jacquard

*Pierre Hamel*

Généticien et philosophe français, ami de l'abbé Pierre dont il partage l'idéal de justice sociale et avec qui il a manifesté aux côtés des sans-abri de la Ville Lumière, Albert Jacquard est venu au Québec à quelques reprises. En 1996, il a participé au colloque organisé par les Petits frères des pauvres sur le thème *L'audace de vieillir*. Au printemps 1997, *Le Gérontophile*, journal de l'Association québécoise de gérontologie, a reproduit les actes de ce colloque d'ampleur internationale. En raison de l'instantanéité dans la culture médiatique contemporaine, il est rare que l'on revienne sur un événement datant déjà de quelques années. Compte tenu de l'importance de cette réflexion, *L'Itinéraire* n'hésite pas à briser la règle.

« Il faut, je crois, ne pas trop prononcer le mot vieillesse. Les mots sont parfois très lourds de connotations. Il faut plutôt dire ancien, expérimenté, qui a vécu, qui a eu un parcours et qui utilise son parcours pour réfléchir ». Pour Albert Jacquard, la notion d'âge d'or a des relents passéistes. « L'âge d'or fait penser justement à l'avoir, à ce que l'on possède. Or, ce qui compte n'est pas l'avoir mais l'être. Je ne possède pas les échanges que j'ai. Je suis les échanges que j'ai. »

### Espérance de vie

« Pour moi, la véritable audace est de prendre la parole pour faire réfléchir autour de soi. Or, justement, parce qu'on est expérimenté, qu'on a eu une longue vie, il y a des choses auxquelles on a pu penser et auxquelles les plus jeunes n'ont pas pensé. On peut dire : "Écoute-moi, voilà, d'après mon expérience, les réflexions que je peux faire…", et les enfants écoutent. Ce sont les plus de 30 ans qui n'écoutent pas. C'est l'âge bête, entre 30 et 50 ans, parce qu'on s'imagine être puissant, on veut être un gagnant, quelle horreur ! »

## Et quel âge a donc Albert Jacquard

« Mais, ce qui est important pour moi, à chaque moment, c'est ce qui me reste à vivre pour savoir ce que je peux faire ou dans quelle direction je peux me lancer. Et je m'aperçois que la vraie réponse, quand on me demande mon âge, n'est pas de dire tant d'années depuis ma naissance, mais de dire le nombre d'années qu'il me reste à vivre. Donc, je ne réponds pas en disant "j'ai 70 ans", mais plutôt "j'ai 18 ans d'espérance de vie". Les gens de mon âge maintenant se disent : "En 18 ans, il y a de quoi faire et puis, ce n'est qu'une moyenne, en me soignant bien, je peux peut-être dépasser ça. Ça va s'améliorer chaque année." Par conséquent, ils peuvent se lancer dans des projets. »

Ni illusion, ni tentation du spectaculaire. « Je n'aime pas trop les vieillards qui disent : "Moi, je suis plus jeune que les gamins de 20 ans." Cela ne génère que scepticisme chez le philosophe et l'homme de science. La télé est là pour montrer la grand-mère volante, ou le grand-père qui fait du saut à l'élastique, etc. Je n'y crois pas trop ! »

## Matière grise

Certes, l'existence nous force à des renoncements déchirants, mais ce sont autant d'étapes d'un perpétuel devenir. « Il faut toujours penser qu'en tant qu'êtres humains nous avons, contrairement aux animaux, ce pouvoir fabuleux de construire une conscience, de construire un regard sur le monde. Et ça se construit tout au long de la vie, c'est une construction qui ne recule pas mais qui avance jusqu'au jour où, effectivement, il se peut qu'avec l'âge, mon cerveau ne fonctionne plus. »

D'ici là, « un cerveau fonctionne bien quand on le fait fonctionner et il s'arrête quand on arrête de s'en servir. Par conséquent, la véritable audace est de se dire : "Mon cerveau, je vais m'en servir, c'est un outil qui ne se fatigue pas quand on s'en sert, mais qui se fatigue beaucoup quand on ne s'en sert pas." Je suis les échanges que je tisse. C'est par les échanges avec l'autre qu'on devient soi-même. » À cette aune, la solidarité est vitale. « L'enfer, c'est d'être refusé par les autres, enchaîne Albert Jacquard. Quand les autres ne me regardent plus, c'est épouvantable. » Condition nécessaire, bien que non suffisante, pour aller vers l'autre : l'estime de soi. « Tu vaux mieux que tu ne l'imagines, tu es un être qui se tient debout, tu es solide, tu as des opinions, tu vas savoir les défendre. »

Non pas repli sur soi, mais plutôt ouverture. « Un être vivant est un être poreux. Si ma peau n'était pas poreuse, je mourrais tout de suite. Il faut que je sois poreux avec l'air, mais il faut aussi que je sois poreux au regard des autres. Ils me font peur, mais il faut que j'aie confiance en moi en me disant qu'il n'est pas comme moi et que je vais tenir le coup. »

## Révolutionnaire

« Autrement dit, la vraie audace est d'être révolutionnaire à tout âge », proclame Albert Jacquard. Aux yeux de l'humaniste, la société n'existe que pour « permettre des échanges avec les autres, mais elle ne le fait pas si bien que cela ». Gare à la méprise, pourtant ! Il y a la révolution « idiote », celle d'aller dans la rue mettre le feu aux maisons et couper des têtes. « Être révolutionnaire veut dire, pour soi, savoir changer de regard sur le monde et aider les autres à le voir différemment. » Pas question dans ce qui précède, de nier le passage du temps et l'évidence de la fin inéluctable. L'aiguillon de la finitude reste là pour favoriser les avancées. « Et cela peut se faire à tout âge. »

# Parler tout seul dans la rue

*Pierre Demers*

Gregory John Joseph Pallarino, dit Greg, parle tout seul dans la rue, tout le temps, jour et nuit, nuit et jour, comme quelques autres itinérants du centre-ville. Comme cette dame avec ses sacs verts qui dort près de l'UQAM sur Berri, ou cet homme figé, assis sur un fauteuil roulant près du magasin La Baie rue Sainte-Catherine, surtout le soir. Lui, Gregory John Joseph Pallarino, dit Greg, a le propos moins agressif que celui de ceux qui nous bousculent parfois verbalement ou physiquement, presque aux coins des rues. Aussi décousu peut-être, mais plus joyeux. Il parle, mais aussi il chante. Je l'ai écouté parler et chanter un samedi soir, en octobre, au coin de Viger et Victoria, pas très loin de la tour de la Bourse. Il quêtait, mais sans trop de conviction. « Pas assez d'argent pour manger, pas assez d'argent pour manger... », répétait-il machinalement en se promenant de long en large sur le trottoir, jamais trop éloigné de ses huit petits sacs contenant toutes ses choses, toute sa vie.

« Huit, huit, huit, huit, huit, huit, huit, huit, c'est mon chiffre chanceux », récitait-il. Et aussi : « Six, six, six, six, six, six. » Vêtu d'un long manteau brun usé à la corde et d'une paire de bottes de caoutchouc réparées avec du ruban noir d'électricien, il portait une tuque. Sa barbe longue et grise donnait l'impression qu'il était plus vieux que son âge. Dans ses yeux bleus, la curiosité d'un enfant qui a refusé de vieillir, de prendre la voie des adultes. Et aussi l'innocence de ceux qui ont fait le choix de la rue. L'étonnement devant la circulation des touristes qui passent et ceux qui restent. Comme un passant sans mémoire. Dans sa tête, des souvenirs instantanés, des flashes. Quel âge a Gregory ? Il est né le 26 du 06, 1946 à Montréal. Un peu plus de 50 ans. Il aime ainsi aligner des chiffres quand on lui parle ou quand il se parle à lui-même : « 26 du 06, 1946. »

Depuis 23 ans, il a roulé sa bosse comme itinérant un peu partout à travers le Canada : Toronto, Vancouver, Ottawa et Montréal, son port d'attache, sa ville natale. En 1971, il obtient de l'Université McGill un baccalauréat avec une majeure en psychologie. Il est aussi diplômé en yoga. Pourquoi avoir quitté l'université pour la rue ? Il donne une explication qui en vaut d'autres : « Je voulais un changement dans ma vie. J'ai fait comme Jean Valjean. Je suis Jean Valjean, l'homme qui n'a pas de visage, l'homme qui n'a pas de nom. Toujours jeune, toujours dans la rue. J'ai choisi de trouver l'homme avec la lumière. Le bonheur c'est la liberté. La liberté, c'est dans la rue. »

Est-ce normal de parler tout seul dans la rue ou ailleurs ? De dire tout haut ce qu'on pense tout bas ou de l'intérieur ? La psychiatre Diane Renaud du centre de santé mentale de l'hôpital Saint-Luc, qui a comme patients de nombreux itinérants, répond : « Oui, mais... on se parle tous à soi-même, mais pas toujours tout haut. Pas besoin d'être dans la rue pour agir ainsi. Les itinérants manquent d'inhibition parce qu'ils sont souvent schizophrènes. Ceux ou celles qui font cela à domicile le font parce qu'ils sont isolés. Les itinérants semblent plus visibles que le voisin ou la voisine de quartier. Ils ont perdu le contact avec la réalité. Ils ont des hallucinations auditives et répondent à ces voix qu'ils entendent. C'est un dialogue invisible. La solitude et le manque de soutien socio-affectif les marquent de cette manière. Certains sont plus désespérés que d'autres. »

Quand Gregory chante en français avec son accent cassé d'anglophone, il improvise un refrain en l'honneur de son pays. Ça donne des phrases un peu naïves : « Je chante l'amour du Canada mon pays, la place au nord des États-Unis, la place la plus jolie pour les vacations, le plus beau pays du monde quand il fait beau dehors... » Gregory passe ses journées à quêter près du Vieux-Port, son endroit de prédilection. Il couche entre les portes de vieilles maisons en rénovation. Il aime se lever le matin et regarder le fleuve. La mer, comme il dit.

# Mon père

*Marcel Junior*

La violence quotidienne a fait partie de mon enfance. Je suis l'aîné de neuf garçons, d'une famille de dix enfants. Mes souvenirs font remonter en moi des émotions très souffrantes que je ne pourrai jamais oublier. Je me faisais battre régulièrement par mon père. Lorsque mon père arrivait de travailler le soir, ma mère lui disait : « Ton ostie de chien a fait ceci et cela, aujourd'hui », en ajoutant qu'il devrait me punir. Mon père buvait énormément et, après son travail, il était toujours à moitié saoul. À la maison, lorsqu'il me talochait, il le faisait sans demi-mesure ! Autant à coups de poing qu'à coups de pied. Lorsqu'il utilisait la strap de caoutchouc, des marques profondes et brûlantes restaient. À l'occasion, nous étions deux ou trois à recevoir la volée qui durait toujours en moyenne trois à quatre minutes. On s'en rappelait longtemps !

À l'âge de six ans, à Noël, mon père avait offert à ma sœur Diane et moi, une paire de gants de boxe afin que l'on s'entraîne ensemble. Mon père était un boxeur professionnel. Il s'exécutait à l'époque à la Palestre nationale de Montréal, et il a fait les Gants Dorés. Je me souviens, lorsque je m'entraînais avec lui et que je m'ouvrais (s'ouvrir est un terme en jargon de boxe qui veut dire se dégager la figure de ses poings en position de protection), mon père en profitait pour frapper, sans pitié comme on dit. À une occasion, il m'a cassé le nez. Il m'a aussi fait perdre connaissance au moins à six reprises.

Il a déjà cassé les dents de mon frère Michel et a même tiré, à l'aide d'une carabine de calibre 303, dans l'un des pieds de mon frère Yvan. Je me rappelle aussi, qu'à l'âge de douze ans précisément, j'ai vu mon père battre ma sœur Diane dans la salle de bain, pendant que ma mère pleurait. J'ai couru prendre un couteau dans un tiroir de la cuisine. Armé du couteau dans la main droite et en larmes, j'ai dit à ma mère : « Maman, dis-moi oui et je vais le poignarder. » Mais ma mère répondit : « Non Marcel, ne fais pas ça. » Ce que je retiens de tout cela, c'est qu'il ne faut pas frapper ses enfants, car ça laisse des séquelles et pour longtemps. Aujourd'hui à 48 ans, j'ai encore des problèmes à cause de ça.

Réalité de l'an 2000
# Les femmes de plus en plus pauvres
*Gina Mazerolle*

Quel est le vrai visage de la femme pauvre de l'an 2000 ? Est-ce le même type de femme que l'on retrouvait dans les années soixante ? *L'Itinéraire* s'est penché sur la question et s'est adressé au Centre d'éducation et d'action des femmes.

Johanne Bouchard, du Centre des femmes, a bien voulu nous dresser un portrait de l'évolution de la pauvreté des femmes montréalaises. Il faut d'abord savoir qu'auparavant, on retrouvait les femmes pauvres dans trois catégories : celles qui n'avaient pas d'instruction, celles qui restaient à la maison pour élever leurs enfants et celles qui divorçaient. Ces femmes se retrouvaient seules du jour au lendemain, sans aucune expérience de travail et sans instruction. Mme Bouchard constate qu'aujourd'hui, beaucoup d'entre elles sont aussi chefs de famille monoparentale. Elles peuvent avoir connu le marché du travail ou avoir un niveau d'instruction élevé. C'est la caractéristique des nouvelles femmes pauvres. « Parmi elles, on voit des cas de perte d'emploi en raison de dépressions nerveuses, de burnout qui ont abouti à des problèmes de santé mentale. Alors plusieurs d'entre elles ne peuvent plus reprendre leur emploi, leur état de santé ne leur permettant plus d'être performantes », ajoute-t-elle. « Aujourd'hui, dans le milieu du travail, si tu ne corresponds pas à la norme, tu es automatiquement exclue. Il y a aussi des femmes qui ont peu de scolarité et les autres se sont jointes à elles », affirme Johanne Bouchard.

Mme Bouchard constate que le phénomène de la pauvreté s'est élargi. Au centre, on est en mesure de se rendre compte que les temps sont de plus en plus difficiles pour ces femmes. La plupart de leur clientèle vit de la Sécurité du revenu et l'ensemble des coupures qui ont eu lieu dans ce secteur les a davantage appauvries. Elles n'ont bien souvent pas assez d'argent pour répondre à leurs besoins essentiels. « On se rend compte qu'elles manquent d'argent, arrivées à la fin du mois, même pour la nourriture. Souvent elles n'ont plus de téléphone. C'est tout de même paradoxal, quand on voit tout le monde se promener cellulaire à la main. Est-ce qu'on se demande ce que cela signifie de ne pas avoir de téléphone à la maison ? Par exemple, tu téléphones au médecin et c'est le répondeur qui répond et te demande de laisser ton numéro de téléphone, mais malheureusement tu n'en as pas. Autre exemple, quand on est à la recherche d'un emploi et que l'employeur demande de laisser son CV en disant qu'il rappellera plus tard. Le téléphone coûte de plus en plus cher », souligne Johanne Bouchard.

L'une des conséquences les plus fréquentes de la pauvreté chez les femmes, ce sont les innombrables déménagements. Elles vont déménager parce qu'elles ne peuvent pas payer le loyer ou parce que leur logement est inadéquat. Elles devront aller dans des maisons d'hébergement, le temps de trouver un autre appartement, ce qui correspond à une forme d'itinérance *cachée,* vu qu'elles ne sont pas dans la rue. Elles sont toujours à la recherche de nourriture et fréquentent les bazars pour se dénicher des vêtements. Leur état de santé s'en ressent également. « Les pauvres sont plus malades que les riches. Elles se rendent souvent chez le médecin avec leurs enfants. En plus de vivre toutes ces difficultés, les femmes sont toujours confrontées à certains préjugés contre l'aide sociale. Il est faux de croire que les bénéficiaires de la Sécurité du revenu sont des paresseux. Une femme qui doit, tous les jours, trouver de la nourriture, habiller ses enfants en plus de se déplacer à pied parce qu'elle n'a pas d'argent pour prendre l'autobus, c'est un travail considé-rable. En plus de la perte d'estime de soi qu'entraîne la situation de toujours demander de l'aide : « Quand on se fait toujours dire qu'on est bonne à rien, on finit par le croire. » Selon Johanne Bouchard, la pauvreté augmente et on la retrouve chez les deux sexes, mais les femmes sont plus pauvres que les hommes. Elle estime que le choix de nos dirigeants d'arriver au déficit zéro a eu une incidence sur l'ensemble des programmes sociaux : c'est l'une des raisons de l'appauvrissement. On retrouve aussi parmi les femmes les plus pauvres, celles qui ont des problèmes de santé mentale de plus en plus lourds, problèmes reliés à leur vie de plus en plus difficile. Il y a très peu de ressources et de soutien pour celles-ci », conclut Johanne Bouchard.

# La misère des riches

*Yvon Gonneville*

Pauvre mais heureux, est-ce possible ? Je traite de ce sujet car j'ai connu les deux, richesse et pauvreté. Jeune, j'ai vécu dans l'abondance mais maintenant, je survis dans la pauvreté.

Je suis né de parents passablement à l'aise, mon père, parti de rien, est devenu dans les années cinquante un homme d'affaires très prospère. Dès mon enfance, je fus gâté pourri par mon père. Je me souviens de certains matins où parce qu'il pleuvait, je ne voulais pas aller à l'école. Mon père, ou un de ses employés, venait m'y reconduire en Cadillac. Vers l'âge de 12 ou 13 ans, j'ai appris à conduire un des camions de mon père. Il me prêtait souvent l'auto pour aller faire ses commissions au village. Certains de mes copains qui devaient marcher ou se déplacer à bicyclette étaient jaloux en me voyant passer et dès ce jeune âge, je me sentais mal à l'aise à cause de ça.

Malgré son problème d'alcoolisme, mon père était très généreux envers tout le monde. Contrairement à ma mère, il me donnait beaucoup plus d'argent que nécessaire. Avec ce surplus, j'achetais des bonbons et des cigarettes que je donnais à mes compagnons de classe pour qu'ils soient mes amis et même parfois je leur donnais de l'argent en surplus.

Peu de temps après le décès accidentel de ma mère, morte noyée en juillet 1962, mon père nous a dit en nous serrant dans ses bras, ma sœur et moi, qu'il donnerait tout ce qu'il possède pour que notre mère revienne. En le regardant dans les yeux, j'ai compris qu'il venait de réaliser ce qu'elle était vraiment pour lui. Mais il était trop tard. Est-ce ça la misère des riches ?

Comme je n'aimais pas ça, j'ai profité du décès de ma mère et de la vulnérabilité de mon père pour abandonner les études. À 17 ans à peine, je suis devenu alcoolique et dégoûté de la vie, comme mon père qui n'avait plus d'intérêt pour le commerce depuis le décès de ma mère. Nous faisions régulièrement, mon père et moi, de petits voyages qui s'avéraient coûteux à cause des restaurants et chambres d'hôtel. C'est ça la misère des riches :

pouvoir tout se payer ou presque sans pouvoir l'apprécier. Mon père me versait un salaire, mais je travaillais quand je le voulais. J'abusais de mon compte de dépenses et ma consommation d'alcool augmentait sans cesse. Après avoir noyé sa peine pendant six ans, mon père est décédé d'une cirrhose du foie à l'âge de 52 ans. J'héritais de tous ses biens avec ma sœur qui me vendit sa part quelques mois plus tard. J'étais devenu exactement comme mon père. Vers la fin de l'année, je déclarais faillite pour un montant de 33 000 $, ce qui en 1968 valait beaucoup plus qu'aujourd'hui.

Du jour au lendemain, je n'avais plus rien ou presque. Un soir où j'étais ivre, j'ai voulu mettre fin à mes jours avec une carabine. Mon amie m'en empêcha. Peu de temps après, j'entrepris une première cure de désintoxication à Domrémy. Je me suis trouvé un emploi, mais n'étant pas bien dans ma peau, quatre mois et demi plus tard, je rechutai dans la boisson, mon amie me laissa, je perdis mon emploi et la dégringolade commença. Je me sentais rejeté à cause de mon alcoolisme.

J'avais 22 ans, je voulais fuir, je voulais mourir, et pourtant, j'avais la vie devant moi ! Après 22 ans de misère, j'ai passé un dernier séjour d'une semaine à l'hôpital Notre-Dame. Dès ma sortie, je suis allé de moi-même chez les AA. J'avais assez souffert.

Aujourd'hui, après neuf ans de sobriété et d'efforts, le passé est passé, je me suis pardonné mes erreurs de jeunesse, je me sens bien dans ma peau, les « j'aurais donc dû », les « si j'avais su », le ressentiment, la culpabilité, c'est fini pour moi tout ça, tout ce qui m'empêchait de vivre et d'avoir mon petit bonheur. Il est certain que j'aimerais avoir un peu plus, parfois, les fins de mois sont serrées quand je compte les tranches de pain qui me restent. Mais même si je n'ai pas tout ce que j'aime et que je veux, j'essaie d'apprécier ce que j'ai et je ne parle pas seulement de choses matérielles ! C'est ça, le bonheur des pauvres !

# Dis-moé donc ça

## *Claude Dubuc*

Ils ont mis des barrières à la porte du dépanneur, il va falloir que je me
débrouille pour prendre une bière à soir.

Dis-moé donc ça.

Ma poignée d'change brûle dans mes mains, j'ai soif.

Dis-moé donc ça.

C'est quand j'étais perdu que je voyais le plus clair, mais il ne fallait pas que
je regarde trop loin, que je perde la lumière.

Dis-moé donc ça.

Sur mon cœur de bois, je gossais mes vies imaginaires.

Dis-moé donc ça.

J'ai été jusqu'au bout des grandes noirceurs d'où je suis revenu.

Dis-moé donc ça.

Il eut fallu que je meure si je voulais revenir, maintenant je ramasse des vies.

Dis-moé donc ça.

J'ai eu quelques plaisirs mais combien de douleurs ! Maintenant j'ai des
centaines de plaisirs mais nulle douleur.

Dis-moé donc ça.

Pourquoi la première bière m'attendait à la porte de l'hôtel ?

Dis-moé donc ça.

Maintenant je bois cette bouteille pleine de clarté et de bonheur.

Dis-moé donc ça.

Qu'on me pardonne si je ne parle que de mon histoire.

Va-t'en pas…

# Cri du cœur

*Claude Dubuc*

Ce matin, je me suis réveillé sur l'oreiller de la tristesse.

Je me suis levé, habillé et j'ai marché dans la rue jusqu'au premier verre de chagrin à la taverne du coin.

Ma blessure est aussi grande que la haine.

Cognac, cognac, danse avec moé, serre-moé dans tes bras pour que je débarque encore une fois.

Waiter, waiter, toé mon ami, dis-moé donc ça c'est quoi la vie sans la mort qui te guette, étrange misère.

Et pourtant j'étais né pour être libre.

# Le Groupe communautaire L'Itinéraire : une bouée de sauvetage

*Guylaine*

Originaire du Plateau Mont-Royal, je viens tout juste de célébrer mon quarante-quatrième anniversaire de naissance. L'aînée d'une famille de trois enfants, j'ai deux frères, qui en valent quatre. Ma famille était, comme on dit aujourd'hui, dysfonctionnelle : ma mère nous a quittés quand j'avais cinq ans ; mon père était alcoolique. J'ai dû apprendre très jeune la débrouillardise. Comme je me suis occupée de mes frères, je n'ai pas eu une jeunesse très rose. Je n'ai donc pas eu la possibilité d'aller à l'école très longtemps.

À seize ans, j'ai commencé à consommer du pot, de l'alcool, et ce fut le début de l'escalade... J'ai découvert les drogues de rue, fréquenté les écoles de réforme. À vingt-trois ans, j'ai donné naissance à une fille, que ma mère a adoptée par la suite. J'ai continué l'*exploration* des drogues : cocaïne, héroïne... J'ai connu la rue, la prostitution, les vols et, finalement, la prison. J'ai suivi de nombreux traitements de désintoxication, malheureusement sans succès. Il y a dix ans, au cours d'un séjour à la Maison l'Invitée, j'ai rencontré Denise, Mickey, Lise, Micheline et quelques autres. Ensemble, nous avons fondé ce qui est devenu aujourd'hui le Groupe communautaire L'Itinéraire. On était une gang de filles aidées par une poignée d'intervenants, dont François, Francine et Andrée. Nous voulions poursuivre ensemble notre période d'abstinence, travailler à reconstruire notre estime de soi, améliorer notre confiance et nous reprendre en main. Nous avons aménagé un lieu de réunion, rue Dorion, près de la rue Ontario. Nous pouvions nous rencontrer, jaser, échanger et nous remonter le moral. Nous formions, en quelque sorte, une famille reconstituée. Nous avions toutes des cheminements différents, mais un but commun : poursuivre notre réhabilitation.

Nous avons mis sur pied plusieurs activités : sorties à La Ronde, au cinéma, repas communautaires, etc. Le groupe a commencé à intégrer des gars et nous sommes devenus trop nombreux pour notre petit local : un déménagement s'imposait. Le groupe ouvrit le Café sur la rue, rue Ontario, angle Beaudry. Je me suis impliquée dans diverses tâches au café et j'ai aussi été responsable de la distribution du journal *L'Itinéraire*. Mon parcours n'a pas toujours été facile. Une thérapie à la Maison Jean-Lapointe m'a permis de réaliser mon vœu le plus cher : être abstinente. Je l'ai été pendant cinq ans ! Mes gros problèmes de dépendance aux drogues dures étant chose du passé, je travaille maintenant sur ma dépendance affective. Le groupe m'a permis de rencontrer des gens formidables et l'entraide qu'on y trouve est exceptionnelle.

Je suis parfois encore malheureuse face à mon passé, mais je sais que je dois regarder en avant. Le Groupe communautaire L'Itinéraire a été une bouée de sauvetage et est devenu, avec le temps, une ancre dans ma vie. Je travaille très fort à augmenter ma stabilité à tous les niveaux : santé, dépendance, émotivité. L'Itinéraire est ma famille où beaucoup de personnes croient en mon potentiel. Et ça, j'en ai bien besoin.

# I look into the mirror...

## Alcatraz

La chanson de Spooky Tooth dit : « Je regarde dans le miroir et je crois que je vois la lumière. » Je me regarde dans le miroir quotidiennement depuis sept ans et je commence à voir de plus en plus la lumière se pointer au bout du tunnel. Je n'ai brisé aucun miroir et j'ai vécu de grands bonheurs.

### Miroir, joli miroir !

Joli miroir, mon fidèle ami qui sait si bien refléter l'image que je dégage vraiment, tu sais très bien que je suis le plus beau des plus beaux et non pas un minable, même si je suis marginal au plus profond de mes entrailles. Toi qui lis si bien dans mes yeux leurs reflets qui sont le miroir de mon âme, tu es mon seul juge.

### Cé plus que physique, c't'électrique

Depuis sept ans que je vends cette petite perle, j'ai eu droit à trois semaines de vacances forcées, non planifiées et que je ne crois pas avoir méritées. Moi, le doyen des camelots-journalistes, le plus régulier depuis le coup d'envol de L'Itinéraire, je profite de ce congé pour vous brosser une rétrospective de ma brillante carrière au sein du groupe. Je ne paranoïe pas quand je vends le journal, n'étant pas constamment sur la défensive ou sur le qui-vive quand je croise la police comme c'était le cas lorsque je vendais des substances illicites. Mais ça prend tout de même des nerfs d'acier pour contrôler ses émotions face à certains personnages trop sarcastiques. Il m'est parfois très pénible d'entendre entre autres des jokes connes, telles que : « Non merci, j'essaie d'arrêter. » Ils devraient plutôt essayer de commencer. Comme le fredonnait si bien Señor el Pluma de la Traverse : « Les cons ne sont pas toujours ceux qui sont caves. » Ce sont de vrais cons et non pas de faux cons.

### Les initiés illuminés

Heureusement, il y a encore quelques personnes assez compréhensives, ouvertes, sachant reconnaître, estimer et apprécier les vraies valeurs humaines et non pas seulement les valeurs secondaires et monétaires, qui croient en moi et, malgré mes boires et déboires, mes gels et dégels, mes veines et déveines, m'encouragent à continuer. Sinon, il y a belle lurette que j'aurais abandonné. Les pieds dans la pluie verglaçante ou la gadoue, des sueurs froides ou humides attaquent ma santé. Ma moelle épinière et mes voies respiratoires sont minées. Je ne vends pas ce journal dans le seul but d'arrondir mes fins de mois comme la majorité des autres camelots. Il ne me suffirait que de retourner à mes « anciennes amours » (vente de drogues, de cigarettes et d'alcool de contrebande, recels, etc.) pour m'enrichir beaucoup plus facilement ; surtout qu'on me demande très fréquemment si je vais reprendre du service depuis les récentes hausses. Si je persévère dans cette voie, c'est parce que je veux véhiculer dans ce média communautaire mes messages humanitaires remplis de lueurs d'espoir pour la venue de jours meilleurs pour les défavorisés.

## Bénéfices marginaux

Grâce au journal, j'ai suivi des cours de traitement de texte et des formations journalistiques, assisté à des colloques, donné des conférences, participé à des ateliers et certains événements grandioses. Parmi ceux-là, ma figuration dans la vidéo des Colocs *Tassez-vous de d'là*, tournée à la fin de mai 1998 et rediffusée récemment dans une rétrospective de leur étourdissante carrière, parsemée d'embuches comme la mienne, et qui s'est terminée en dents de scie. Je frise la cinquantaine et parfois le ridicule comme tout un chacun, mais je frise tout de même et je compte bien ne pas terminer ma pauvre et célèbre carrière comme la leur. Ce n'est vraiment pas le temps d'arrêter quand ça ne fait que commencer à rapporter des dividendes pour les fruits de mon travail de pionnier. Dernièrement, on m'a donné une belle petite boîte en métal de chocolat Cadbury remplie de petite monnaie. Cinquante dollars en tout !

## Homme responsable

J'ai pas de parents. J'ai quelques amis. J'ai du moral et des soucis. Je suis un homme responsable et je ne me cache pas la tête dans le sable comme l'autruche. Ça fait longtemps que j'ai passé l'âge de jouer à la cachette. Au yâbe les huis-clos et les secrets de Polichinelle. À bon entendeur, salut !

# À la conquête
# d'une indépendance

## *Luc Lenoir*

À la maison, avenue des Ormes, ma mère me disait : « Tu viens de dîner, ne cours pas trop vite et reviens à la maison pour 4 h. » Et moi, je courais, jouais et découvrais avec ma sœur, mes frères et mes amis. J'étais bien confortable dans ma famille que j'adorais. Mais plusieurs malheurs s'abattirent sur elle : divorce, multiples déménagements et, finalement, décès de ma mère. Après son décès, on a été charriés d'un foyer d'accueil à l'autre. On s'est finalement retrouvés chez un éleveur de porcs ; et ça, je ne l'ai jamais accepté.

C'est là qu'a commencé ma furieuse descente aux enfers. Le reste n'a été qu'une suite de culbutes incessantes. Quelques succès m'ont permis de voiler mes chagrins, peines et insécurités. En roulant ma bosse et à force de me défoncer à toutes les toxines – je crois que les seules choses que je n'ai pas essayées, c'est le Listerine, la térébenthine et le Coca-Cola – je me suis résigné à faire une thérapie à la maison du Père, en 1989. Par la suite, j'ai rencontré deux intervenants qui ont influencé mon cheminement : Francine Moreau et François Thivierge, maintenant organisateurs communautaires au Centre Dollard-Cormier. François me proposa de me joindre à un groupe d'entraide qui venait tout juste d'être mis sur pied et où l'on retrouvait des personnes autant sinon plus catapultées que moi.

Je me suis dit qu'après avoir goûté le cirage à chaussures et le *karma du comateux*, pourquoi pas ? Je n'ai vraiment pas été déçu. Avec cette bande de dingues descendus directement de tous les cirques qui bretellent le pays, on a su s'asseoir à la même table, se parler, s'écouter, se comprendre à travers nos différences et la profondeur de nos diverses expériences de vie.

Personnellement, ça m'a permis de connaître ce qu'est un conseil d'administration, une assemblée générale, d'apprendre à animer une réunion, à négocier avec les autres, etc. Mais ça m'a surtout appris à découvrir mes talents et mes forces intérieures – mes faiblesses également – et à devenir de plus en plus autonome.

En terminant, je m'en voudrais de ne pas signaler que le Groupe communautaire L'Itinéraire est un lieu ouvert à tous et à toutes, et qu'il est mon lieu d'appartenance.

# Le quêteux d'autrefois était indispensable

*Pierre Demers*

Avant de prendre sa retraite l'an dernier, l'ethnologue Jean Duberger a enseigné 35 ans au Centre interuniversitaire d'études sur les lettres, les arts et les traditions (CÉLAT) de l'Université Laval. En 1987, il a participé à un collectif de recherche sur la marginalité et a contribué à la rédaction de l'étude *Pauvres et vagabonds, projet de recherche sur la marginalité*, publiée par le CÉLAT. Depuis des années, il fait du bénévolat auprès de malades en phase terminale.

**Dans la société québécoise traditionnelle, le mot « quêteux » était-il péjoratif comme il l'est aujourd'hui ?**

Pas du tout ! Au contraire, les quêteux étaient tous reconnus comme des gens originaux, indispensables au bon fonctionnement de leur société. Le mot portait une dimension magique. Les quêteux avaient souvent une réputation qui circulait de région en région, on les attendait. Ils quêtaient et apportaient avec eux leur présence et leur ouverture au monde. Certains chantaient les complaintes du Moyen Âge, d'autres récitaient toutes sortes de contes, d'autres encore apportaient des nouvelles d'ailleurs.

**Comment étaient-ils identifiés par la société ?**

On pouvait les classer en trois catégories. Il y avait les quêteux de la paroisse, les pauvres qui avaient besoin des autres pour vivre. On s'en occupait de différentes manières. Pis, les quêteux qui venaient de loin, et parmi ceux-ci, les bons et les mauvais. Les bons étaient ceux qu'on connaissait et les mauvais, les inconnus. Ces derniers finissaient par se faire accepter tout de même parce qu'ils pouvaient jeter des mauvais sorts. On n'avait pas le choix, il fallait les héberger et les nourrir malgré tout. Certains quêteux étaient réputés, comme Louis Laveugle de Tadoussac, qui faisait à pied toute la région de Charlevoix. Il était attendu parce qu'il devait arriver à Sainte-Anne-de-Beaupré le 26 juillet pour la fête de Sainte-Anne. Il y avait donc une sorte d'agenda des quêteux et on attendait leur passage dans les villages. Enfin, quand la crise est arrivée, à la fin des années vingt, les quêteux inconnus se sont multipliés, on les appelait alors des « hobos ». C'étaient des chômeurs qui circulaient partout en quête de travail et de nourriture, pour eux et leurs familles.

**Dans quelle mesure les quêteux étaient-ils acceptés par la société d'alors ?**
Chacun portait avec lui son histoire ; l'un était un ancien médecin qui avait abandonné la profession, on l'appelait « le docteur » ; un autre au nez cassé était un ancien boxeur. On les laissait entrer dans les maisons pour qu'ils racontent leur histoire et confirment ainsi leur réputation. S'ils étaient simples d'esprit ou handicapés physiques, on les acceptait ainsi. Ils étaient toujours intégrés à la communauté et jamais on n'aurait eu l'idée de les isoler dans des centres ou des maisons pour vieux ou marginaux. Certains aidaient aux travaux des champs ; d'autres réparaient des outils ou apportaient le courrier. Habituellement, ils ne restaient pas longtemps. Ils passaient la nuit et reprenaient la route. Même dans les quartiers urbains populaires, la solidarité envers les pauvres et les quêteux était reconnue. On prenait en charge les pauvres qu'on connaissait et les hobos de passage. Ce concept de famille étendue se retrouvait dans tous les milieux.

**Que pensez-vous de la situation actuelle des quêteux et des démunis dans notre société urbanisée ?**
La société est devenue beaucoup plus individualiste. La solidarité envers les démunis n'existe plus de la même manière qu'autrefois. La multiplication des quêteux aujourd'hui traduit l'étendue de la solitude et de la pauvreté de notre civilisation. Tout le monde peut basculer du jour au lendemain et se retrouver dans la rue. Les jeunes, de plus en plus nombreux, se cherchent une autre famille d'appartenance dans la rue. Le tissu familial est devenu tellement fragile que personne ne peut plus s'y fier. Les jeunes sont révoltés contre leurs parents qui ont souvent abusé d'eux ou les ont abandonnés. Beaucoup de gens ne peuvent s'adapter à une société qui prône la compétition et la performance comme valeur individuelle. Et l'État a abandonné

des responsabilités qui lui permettaient auparavant de prendre en charge des citoyens démunis ou malades. Trop de gens, dans une société où règne l'argent comme valeur suprême, ont une peur bleue de la vie. C'est le plus grave problème de notre temps. Il faut se bâtir d'autres solidarités – à travers le bénévolat entre autres – pour prendre en charge les quêteux d'aujourd'hui, beaucoup plus nombreux qu'hier.

# Les médias

*Michel Côté*

L'autre soir, en regardant les informations à la télévision, je me suis mis à penser qu'il y avait une origine commune entre le métier de lecteur de nouvelles à la télévision et le métier de camelot.

En effet, le métier de camelot nous viendrait en droite ligne de l'époque où, n'ayant pas de médias tels télévision et journaux, le roi avait recours aux services de crieurs publics pour annoncer au peuple ses décisions comme les nouvelles lois ou les hausses d'impôt.

Ces crieurs publics se promenaient de villes en villages et sur la place publique *criaient* aux citadins et villageois les décisions du roi.

À notre époque, les gouvernements font connaître leurs décisions à coups de communiqués télévisés et imprimés et c'est pour cela que je prétends qu'il y a une origine commune entre le métier de camelot et celui de lecteur de nouvelles à la télévision. Les deux ont pour fonction d'informer le public.

*P.-S.* : J'aimerais profiter de l'occasion pour remercier les gens de leur générosité pendant le temps des Fêtes, en particulier le jeune Nicolas Therrien, sept ans, pour sa magnifique carte de Noël et lui dire que cela m'a fait chaud au cœur.

# « Au moment de sa disparition »[*]

## *Jean-Marie Tison*

Ah ! Le mois de mai... On s'excite rien qu'à entendre son nom. On dit « mai » mais on pense « juillet » ! Tss ! Le mois de mai est comme une fille facile qui attise momentanément notre désir par son regard vaguement lumineux et le parfum de lilas qui l'auréole. Mais mai finit toujours par sacrer son camp au moment même où on tend ses bras vers lui. Heureusement ! Il fait alors place au franc et généreux soleil d'été !... Mai ne fait pas plus l'été qu'une hirondelle fait le printemps, alors du calme.

Cependant, il y a huit ans, le mois de mai témoignait de la venue au monde du journal que vous tenez entre les mains. Un beau mois pour naître... ou pour mourir. J'aurais pu paraphraser Gilles Vigneault et intituler cette chronique « Tout l'monde est malheureux tout l'temps », mais je sais bien que vous avez du mal à croire ça ! Pour cette raison, je prierais humblement tous ceux qui sont toujours « fiers d'être heureux, d'être contents » de cesser immédiatement de me lire. Allez jouir de la vie plus loin en évitant d'éclabousser tout l'monde s'il vous plaît...

On parle beaucoup du suicide. Pendant que les experts monopolisent les tribunes et s'émeuvent en recensant les causes qui poussent le Nord-Américain à mettre fin à ses jours, il ne se passe pas une journée sans qu'une dépêche nous rapporte le tragique bilan du dernier attentat-suicide au Moyen-Orient. Y'a pas beaucoup de tables rondes là-d'sus... la politique c'est moins émouvant que le « psycho-logisme ». D'ailleurs nous sommes ainsi faits que notre compassion ne peut souffrir la multitude. Un enfant ou un chien battu, ça va ! Mais nous sommes incapables d'éprouver de la compassion pour un peuple entier...

On connaît bien la formule. On déterre tous les os propres (et moins propres) à alimenter la discussion entre les experts de toutes sortes, en

---

[*] Extrait des paroles de la chanson *Signe distinctif,* de Richard Desjardins.

suicidologie surtout (ne riez pas, ça existe !), jusqu'à ce qu'on arrive au traditionnel consensus, qui ne vaut guère mieux qu'un « qu'on s'en sacre ». On enterre ensuite tout ça sous un autre débat au goût du jour...

Tout cela a déferlé comme une vague sur les cotes d'écoute que nous sommes devenus, jusqu'à s'échouer sur les rivages douteux du « prêt-à-penser » dans le bouillonnement d'écume médiatique habituel. Ainsi, chacun convient qu'il faut passer un message clair aux jeunes : le suicide n'est pas une solution acceptable. On a même affirmé avec gravité qu'il fallait dire *non* au suicide. Wow ! Si les jeunes ne comprennent pas un message comme celui-là... Tsé veux dire...

« Tolérance zéro ! » Pourquoi pas la « guerre au suicide » tant qu'à y être ! Après la guerre aux drogués, au terrorisme – à tout c'qui ressemble de près ou de loin à un musulman –, à la pauvreté – euh... à presque tout l'monde finalement ! –, voici la nouvelle croisade. J'imagine qu'on confierait à Mme Copps la tâche de débusquer les éclopés émotionnels qui ne chanteraient pas la joie de vivre au Canada...

En ce qui concerne le volet préventif, après les clôtures installées aux parapets du pont Jacques-Cartier afin de décourager les désespérés potentiels, on pourrait ajuster des coussins gonflables aux pare-chocs des métros et, pourquoi pas, harnacher des filets de sécurité tout autour des édifices ? Il faudrait aussi, assurément, ne prescrire de barbituriques qu'à doses homéopathiques...

Mais la palme des lapalissades revient à une psychologue renommée qui a déclaré sur un ton pathétique : « Le suicide est souvent un appel à l'aide qui n'a pas été entendu ! » Re-wow ! Vous gagnerez pas un Oscar avec une réplique comme celle-là madame ! Et encore celle-ci : « Le suicide est parfois lié à un état de profonde dépression »... Ben voyons donc ! Depuis que j'ai entendu ça, je serre les dents à chaque fois que j'entends Jocelyne Blouin (Miss Météo SRC) prédire qu'« une vague dépressionnaire en provenance du nord de l'Ontario déferlera sur le Québec au cours des prochaines heures... ».

Entendre parler du suicide sur un ton qui oscille constamment entre le lyrisme et l'évidence me rappelle la chanson de Leloup : « Allez hop ! Un peu d'sincérité ! Le monde est à pleurer ! » En attendant que mes larmes viennent, je dois avouer que je n'ai pas la prétention de posséder un état mental suffisamment équilibré pour tenir un discours politiquement correct sur le seul problème philosophique vraiment sérieux. « Juger en effet que la vie vaut ou ne vaut pas la peine d'être vécue, c'est répondre à la question fondamentale de la philosophie », écrivait Camus dans *Le Mythe de Sisyphe*.

Il ajoutait aussi : « Se tuer, comme au mélodrame, c'est avouer. C'est avouer qu'on est dépassé par la vie ou qu'on ne la comprend pas... que cela ne vaut pas la peine. [...] Bien sûr vivre n'est jamais facile. On continue de faire les gestes que l'existence commande, pour beaucoup de raisons dont la première est l'habitude. Mourir volontairement suppose qu'on a reconnu, même instinctivement, le caractère dérisoire de cette habitude, l'absence de toute raison profonde de vivre, le caractère insensé de cette agitation quotidienne et l'inutilité de la souffrance. »

Les experts d'aujourd'hui diagnostiqueraient chez Camus une profonde dépression. Le dépressif est devenu le pestiféré de notre monde. Un travailleur chez qui on aura diagnostiqué un burnout sera marqué à jamais, à son retour dans son milieu de travail, du sceau *burnout* ! Les états dépressifs, nombreux et fort bien diagnostiqués, ont relégué aux oubliettes le désuet « mal de vivre ». Faut être de son temps !

Ironiquement, alors qu'on porte à l'avant-scène les individus qui se suicident ou qui vivent de façon suicidaire, on semble oublier la toile de fond. Pourtant nous savons tous que les exigences que requiert notre mode de vie occidental nous conduisent à toute allure vers une catastrophe planétaire qui n'est rien de moins qu'un suicide collectif.

On préfère aussi mettre l'emphase sur ces pères qui se suicident après avoir massacré leurs familles. On ne parle jamais cependant des personnes âgées qui mettent fin à leurs jours parce qu'affligées de multiples handicaps, elles ne trouvent tout simplement plus de *plaisir* à vivre. Et toutes les autres encore qu'on ne dénombrera jamais parce que, soucieuses d'épargner la sensibilité de leurs proches, elles ont maquillé leur suicide en accident...

Enfin il y a aussi les déformations statistiques. On affirme que le Québec détient le plus haut taux de suicide au monde. On omet de préciser que ce taux englobe celui, sept fois plus élevé, des communautés des premières nations.

## Quiconque meurt, meurt à la douleur !

Pour les proches, bien sûr c'est la consternation ! Comme disait l'autre : « Un seul être nous manque et tout est dépeuplé. » À tort ou à raison, il semble bien que nous soyons de moins en moins capables de tolérer la souffrance. Qu'il s'agisse de la nôtre ou de celle d'autrui. On nous claironne cependant qu'il nous faut apprendre à exprimer nos émotions. « Exprime ta colère... correctement. » « Vis ta peine... pas trop longtemps ! » Plus que le suicide ou la mort elle-même, c'est la souffrance qui nous terrifie... et c'est bien naturel. Mais avoir peur c'est une chose, le nier, c'en est une autre. La souffrance, c'est pas contagieux, mais comme la joie, ça s'partage...

Nous dévisageons désormais la souffrance de l'autre avec appréhension. On veut bien compatir, mais pas trop longtemps. Ça fait 20 ans qu'on érige l'égoïsme en valeur suprême ; qu'il faut d'abord penser à soi, qu'il faut s'aimer soi-même... et qu'après on pourra penser aux autres... à ceux qui le méritent, bien sûr ! Comme si on pouvait envisager les deux séparément ! Comme si notre époque ne nous démontrait pas chaque jour que « c'est haute stupidité et lâcheté de croire qu'il est possible d'être heureux sans les autres... » (l'abbé Pierre).

### « *Us and Them* »

À une époque où je vivais ma « miserrance » comme d'autres vivent leur décoration intérieure, je me suis soudain rendu compte que depuis des années, les personnes les plus *près* de moi étaient des intervenants, des psys, des médecins, des avocats... Le choc ! Certains étaient sympathiques et humains et j'avais tendance à les voir comme des amis ! J'oubliais que c'était leur *job*, qu'ils étaient payés pour ça. Que certains d'entre eux aient fait preuve d'empathie à mon égard n'en fait et n'en fera jamais des amis pour autant. J'étais seul. Je me suis alors souvenu d'une parole d'un vieux moine : « La grande douleur des pauvres, c'est que personne n'a besoin de leur amitié » (Maurice Zundel).

Nous avons confié à des experts le soin (et le luxe) de se conduire en êtres humains envers nous. Nous autres, on va bien, on n'a pas de temps à perdre avec eux autres. « *Us and Them* », chantait Pink Floyd. Cela me fait penser à ces médecins qui refusent de traiter les cancers du poumon des fumeurs. Bientôt ils refuseront de traiter les cancers du côlon de ceux qui ont mangé du bœuf... Les médecins ne sont-ils là que pour soigner les gens en santé ?

Même ici, il faut parfois rappeler à certains d'entre nous que l'objectif de L'Itinéraire est d'abord de venir en aide à ceux qui ne vont pas bien, qui en arrachent... et qu'un code d'éthique ne devrait pas servir à ériger des murs entre nous...

La solidarité c'est bien beau, mais ça n'exclut pas la fraternité, criss ! On parle avec éloquence d'humanisme mais y'a pas beaucoup d'amour qui transparaît dans nos rapports quotidiens. Un autre mot qui fait peur, ça ! L'amour n'est pas plus l'apanage des curés que l'option indépendantiste n'appartient au Parti québécois. S'il faut absolument catégoriser l'humanité entre *eux* et *nous*, alors je dirais qu'il y a les vivants et les morts. Mais lorsqu'une fraction des vivants traite les autres comme des morts, comme s'ils n'existaient pas, alors tout est à craindre ; on se tue ou on tue ! Si la force prime sur le droit, alors bien sûr, l'amour n'a rien à faire ici. Et c'est peut-être vrai finalement...

Dans le roman *La vie devant soi* d'Emile Ajar (Romain Gary), Momo demande à plusieurs reprises au vieux monsieur Youssef s'il est possible de vivre sans amour. Le vieux élude toujours la question jusqu'au jour où, en guise de réponse, il baisse la tête et chuchote « oui » tandis qu'une grosse larme roule sur sa joue...

Alors ne me demandez pas pourquoi « les autres » se tuent. Je sais seulement qu'une raison de vivre peut devenir une excellente raison de mourir...

# Un zoo la vie

*Robert Beaupré*

Napoléon Payette était grand et fort. Au moins six pieds, cent quatre-vingt livres. De gros gros os. Pour rire, parfois il m'enserrait le poignet de son pouce et de l'index jusqu'à ce que je crie de douleur. Il trouvait ça drôle. Dans sa jeunesse, il avait été débardeur, du temps où le transbordement se faisait à bras. À un moment donné, il dut cesser le travail : il avait perdu la vue.

Napo me montra sa queue involontairement. Quelle affaire ! Je voyais le pénis d'un homme pour la première fois, le billot devrais-je dire. J'étais dans le fond de la salle de bain à investiguer les pots installés sur une petite armoire. J'adorais concocter des mélanges sulfureux. Un peu d'urine, du ketchup, de l'eau de Javel, du vinaigre, du shampooing, de l'alcool à friction, de la mayonnaise, du peroxyde... Mélanges savants dont je tentais d'emplir les fourmilières dans la cour arrière de la 12e avenue. Parfois, je partais en guerre durant des heures contre ces fourmis qui couraient sur le passage de briques qui menait à la ruelle. D'autres fois, je m'appliquais à les aplatir systématiquement. Je frappais tout ce qui bougeait de rouge ou noir. Pris de remords, équipé de cure-dents et de bâtons de popsicle, j'inventais un monde où j'étais médecin de campagne. Je tentais de sauver les victimes de ce carnage en essayant de redresser les carcasses tordues, de raboudiner les membres gesticulants et déboîtés qui enchevêtraient le champ de bataille.

Ainsi, Napo était entré dans la toilette pendant cette exploration de l'univers fascinant des produits domestiques. Je n'ai pas bougé. J'ai eu le réflexe de retenir ma respiration. Il ignorait que j'étais là. Il a baissé son pantalon et j'ai vu l'énorme objet qui se balançait mollement dans l'entrecuisse. Napoléon avait-il senti ma présence ? Il était déjà trop tard pour faire quoi que ce soit lorsqu'il l'a réalisée. Il a agi comme si de rien n'était.

Je l'accompagnais souvent dans ses balades et il me payait un popsicle à cinq cents. Dans ces moments-là, il pouvait s'abandonner à la marche sans se préoccuper de compter les clôtures avec sa canne blanche. À un moment donné, je lui ai offert quelque chose à manger. C'était une passerose mauve que je venais de cueillir. Je la lui ai mise dans la bouche, sa bouche tellement bien pourvue de cette dentition chevaline jaunâtre qui me fascinait. Il recracha immédiatement la fleur. J'ai rigolé un bon moment tout en me sentant coupable après coup. Mais pas longtemps. La culpabilité ne m'avait pas encore vaincu.

J'avais vécu la mort de ma mère neuf mois plus tôt. Mon père m'amena alors voir Simone, chez elle, rue Sherbrooke près de De Lorimier, dans l'une de ces maisons de briques où les escaliers s'engouffrent dans les façades, comme sous l'aile d'un oiseau blessé. J'avais environ neuf ans et j'étais bien intentionné. Ce n'est qu'au contact de ces adultes que mon appétit pour la vie s'est tordu radicalement. À cet âge, je ne désirais qu'être aimé, mais j'ignorais que bien des adultes étaient dépourvus d'amour d'une façon aussi cruelle que Simone. Elle était le portrait le plus éloquent de la haine qu'une personne pouvait se vouer à elle-même. Et cette haine, elle allait me la transmettre généreusement ; la seule chose qu'elle allait d'ailleurs me donner véritablement. La psychanalyse souligne qu'il existe une contradiction insupportable entre exister et être haï.

Simone assise à sa machine à coudre me regardait. Elle me sidérait. Je l'identifiais directement à une descendante de la sorcière du conte de *La Belle au bois dormant*. Je me suis efforcé d'être gentil malgré l'horreur qu'elle m'inspirait. « J'ai raté ma vie à cause de mon nez, disait-elle souvent. J'ai déjà été demandée en mariage par un violoniste, ajoutait-elle, mais j'ai refusé. »

Horreur psychique et physique, je le comprends maintenant, comme je l'ai appris par la suite en d'autres circonstances.

La face de mon univers en aurait été changée.

# La légende des Jean-Guy

*Gabriel Bissonnette*

À la création du journal, en mai 1994, on est descendu dans les rues de Montréal avec la première édition du journal *L'Itinéraire*, en se demandant quelle serait la réaction des Montréalais et si on serait accepté par les marchands, principalement des rues Saint-Denis, Sainte-Catherine et du Plateau Mont-Royal. On se demandait aussi de quelle façon les policiers nous accueilleraient. Avec les policiers, on a eu une bonne collaboration. Du travail avait déjà été fait : communiqués, appels téléphoniques et… une loi. Oui, oui, une vraie loi datant de 1867 autorisant la vente d'un journal dans les rues de Montréal sans permis.

## Ceux à convaincre

Les camelots se demandaient de quelle façon, avec quelle approche, sur quel ton ou avec quels mots ils pourraient se faire comprendre et se faire accepter par la population au quotidien… Pas évident ! Pas évident, non plus, pour les camelots « marginaux de longue date » de revenir dans la « société politiquement correcte ». Mais notre slogan *Rien dans les mains, rien dans les poches, mais un journal dans la tête* nous a agréablement aidés à présenter et à offrir notre journal, *La voix des sans-voix*, aux citoyens pour les renseigner sur les conditions de vie des gens de la rue et des démunis ou pour tout simplement leur dévoiler la vérité sur certaines réalités.

## Un début qui sera toujours à recommencer

Au début, ça n'a pas été jojo ! Les gens prenaient les camelots pour des témoins de Jéhovah, des messagers de Dieu ou encore des fraudeurs. Surtout quand ils disaient que c'était un journal fait et vendu par des itinérants, les gens leur lançaient de drôles de regards. Je peux vous jurer que les yeux parlent et peuvent en dire long. D'ailleurs, même avec l'aide du slogan et de la touche personnelle de chacun, leur approche pour convaincre qu'ils étaient des authentiques ne faisaient pas l'unanimité. Malheureusement, beaucoup de gens passaient des jugements ou même condamnaient, avant d'avoir lu les premiers numéros de *L'Itinéraire*.

## Même situation après huit ans

Hélas, c'est toujours à recommencer ! On a encore de mauvais commentaires venant des plus jeunes et des menaces verbales et physiques. Les camelots sont très déçus qu'après huit années de vente dans la rue, des gens nous harcèlent encore. Quand tu te fais dire : « Au lieu de déranger les gens avec ta cochonnerie, tu devrais aller travailler », mes chers lecteurs, il serait utile que vous expliquiez aux athées que ce journal est publié avec l'aide d'autres collègues. Et, en plus de le produire on se fend le c... pour le vendre été comme hiver, beau temps, mauvais temps. Criss, ça prend du guts ! On est très fier de notre travail et c'est vraiment un boulot. J'en suis aussi fier que tous mes collègues.

## Heureusement, il y avait les autres

Les autres, c'est vous, nos fidèles lecteurs ! Ceux de la première heure, qui nous avez fait confiance dès le tout début de la vente dans la rue. Ça faisait du bien de voir des gens nous encourager avec leur dollar autant qu'avec leur sourire, une tape de réconfort sur l'épaule, une petite conversation – des questions sur notre groupe ou sur nous personnellement. On se sentait utile et apprécié. Même un signe de tête nous faisait plaisir ; on savait que les gens nous avait remarqués et qu'un jour, ils s'arrêteraient pour nous parler à leur tour et échanger un brin.

## Le plus dur : les commentaires des gens

Au début, je me rappelle, mes collègues et moi avons fait face à des commentaires et des jurons très désagréables, des insultes, des propos qui faisaient très mal à entendre et à gober. Par exemple : « Depuis quand les itinérants savent-ils lire et écrire ? » ; « Voyons donc, c'est impossible, ces gens-là sont finis pour la vie ! » ; « Y'a rien à faire avec ce monde-là ! » ; « Les épaves de la vie vont toujours rester des épaves » (le mot « épave » est interchangeable avec « parasite », « soucoupe » ou « tache »). Certaines journées étaient vraiment très difficiles, mais il fallait prôner les idées véhiculées. Pourtant, le commentaire le plus stupide à mes yeux était, et est encore : « Veux-tu ben me dire qu'est-ce que vous faites avec votre argent ? » Je peux vous confirmer que je réagis très spontanément en répondant : « Est-ce que vous demandez la même chose aux camelots du *Journal de Montréal* ou de *La Presse* ? Et vous, qu'est-ce que vous faites avec votre paye ? » Faut-il que je donne des comptes rendus sur la façon dont j'utilise mon argent durement gagné ? Criss... y'a toujours ben des limites !

**En plus des commentaires, certaines attitudes font encore plus mal**
En plus des sons indésirables, il y a des attitudes... comme l'indifférence, par exemple, je crois que c'est le pire crochet qu'un camelot puisse encaisser. « L'indifférence ça fait mal. Parfois je me sentais comme une borne-fontaine ! » Pire encore ! Vous offrez *L'Itinéraire* à une personne assise et elle vous regarde même pas, prend sa sacoche, la dépose sur ses genoux et retient la ganse à deux mains, de peur que vous vous sauviez avec... « Sacram... ça me met dans un tel état que je ne suis pas capable d'écrire sans me censurer... » Et encore ! Une personne qui vous met sa main à environ six pouces du visage, signalant autoritairement d'arrêter avec un air de dégoût, comme dans l'armée. Ce sont les trois bêtes noires avec lesquelles il est difficile de dealer dans mon métier de camelot. Ça me tue à chaque fois. Et je ne suis pas le seul à pomper ; j'ai plusieurs collègues qui, dans ces situations, ressentent le même feeling.

**Les excuses**
Sur un ton plus humoristique, des exemples d'*excuses* pour ne pas acheter *L'Itinéraire* : « Je n'ai pas le temps. » Ça prend 30 secondes pour fouiller dans tes poches ou dans ton sac. « Oui, oui, je le connais bien », ou : « Oui, c'est bon ! Vous faites du bon travail ! Lâchez pas ! » Mais ils ne l'achètent pas. « Je n'ai qu'un 20 $, je ne veux pas le casser, sinon je vais tout le dépenser. » Là ou plus tard, je ne vois pas la différence. « Ah ! Ma mère, ma sœur, mon frère, mon père, ma blonde, mon chum, ma coloc, mon cousin, ma voisine, l'achètent. » Ça te tente pas de faire ta part des fois ? « Nous le recevons au bureau. » Il y a une copie pour 300 employés. « Ah ! Je ne l'ai pas acheté, mais je l'ai lu. » On espère que tu l'achèteras avant de le lire la prochaine fois. « Moi, je l'achète à toutes les semaines. » C'est un mensuel. « Ah ! Depuis qu'il est à deux piastres je ne l'achète plus, c'est trop cher. » Ça fait presque six ans qu'il est à deux dollars. « Je ne suis pas d'ici, je ne fais que passer. » Il y a de

la pauvreté partout au Québec, même si tu ne fais que passer. « J'ai trop de choses à lire. » Tu peux l'acheter tout de suite et le lire plus tard. « Je ne lis pas. » Et il a *La Presse* devant lui. « Je n'en ai pas besoin, moi ! » Peut-être que les autres ont besoin ? « Qu'est-ce que tu veux que je fasse avec ça. Pis chus pas itinérant, moé ! » On peut tous le devenir. « J'ai pas d'argent et en plus je suis étudiant(e). » En savourant un filet mignon au restaurant le plus cher de la rue Saint-Denis. « Ah ! Pas besoin car la cousine du frère de mon voisin de gauche, sa mère l'achète. » O.K., je comprends que les gens n'ont pas toujours les deux dollars, que ce n'est pas le moment, qu'ils ont tout simplement pas envie de l'acheter maintenant… Lorsque nous présentons *L'Itinéraire*, nous sommes très conscients de ça aussi… Mais un oui ou un non suffirait et un beau sourire est très agréable et il est toujours le bienvenu. Nous comprenons aussi que ce n'est pas tout le monde qui veut se le procurer. Nous savons tout ça, mais c'est seulement pour vous dire que ce n'est pas toujours évident et surtout, nous savons aussi que vous êtes sollicités de tous bords tous côtés. Nous le sommes aussi.

## Nous rencontrons toutes sortes de personnes

En huit ans de vente dans la rue, nous avons rencontré toutes sortes de personnages. Durant notre journée de travail nous croisons des personnes extraordinaires, aimables, charitables et pleines de bonté. Mais ce n'est pas la charité que nous vous demandons ; nous vous offrons un produit. Un journal fait et vendu par nous avec l'aide d'autres collègues qui travaillent aussi fort que nous. Je connais des gens qui sont de fidèles clients depuis le début de la vente du journal dans la rue. Je vous remercie toutes et tous : les Denis, Sylvain, Johanne, Marie-Ève, Chantal, Michel, etc. Lâchez-nous pas !

## Des clients et des non-clients assez spéciaux

Des personnes *spéciales*, j'en côtoie depuis le début. Je vais vous en décrire une et toute une : Jean-Guy. Il ne faut pas confondre avec celui des *Légendes de Jean-Guy* de Claude Cloutier du défunt magazine *Croc,* malgré une ressemblance physique. Mon Jean-Guy déteste les Québécois et la terre entière, chiale toujours sur tout et sur rien, n'est jamais content et l'exprime haut et fort. C'est ce que j'aime de lui : il blâme la brasserie du Cheval Blanc pour avoir vendu ses recettes de bière et se tient maintenant à L'Amère à boire. Quand je rencontre Jean-Guy, je n'ai pas le temps de m'ennuyer. Je ne peux malheureusement pas décrire son humour noir, je me censurerais. Jean-Guy est un drôle de rigolo, sa rencontre change toute une journée. C'est grâce à des gens comme lui qu'on continue à vendre le journal parce qu'ils égaient notre journée. Merci Jean-Guy et merci à tous les gens qui nous encouragent, peu importe la manière dont vous le faites. C'est grâce à vous si nous sommes encore là. J'ai une petite faveur à vous demander. Je sais que vous connaissez des personnes qui n'achètent pas *L'Itinéraire* ou qui ne l'ont jamais acheté. Pouvez-vous expliquer à ces gens, qu'à chaque fois que vous nous encouragez, vous aidez un camelot à sortir de l'itinérance, peut-être des barreaux ? Vous appuyez un des meilleurs organismes qui lutte contre l'exclusion et la pauvreté en aidant des camelots à se responsabiliser.

# La fatigue d'être soi

## Paul-Georges Leroux

« *Rien de sombre comme ces torches, dont la lueur ne saurait faire distinguer les objets à travers les ténèbres, et qui ne laissevoir que les ténèbres elles-mêmes.* »

Sénèque

À cinq ans, on m'apprit que la petite voisine d'en face avec qui je partageais mes jeux était morte. Elle s'était ouvert les veines. Son père prit le même chemin. Je devins familier avec la mort. Mon père mourut, puis un de mes frères dans des circonstances étranges. Un copain qui avait perdu les jambes dans un accident d'auto se précipita en bas d'un building. Un autre trop grand se pendit en se tenant les jambes pour qu'elles ne touchent pas le sol. Un troisième qui avait perdu son épouse plongea d'un pont pour ne plus refaire surface. Moi-même, anéanti, dans un geste inconscient, je me suis précipité à travers la double fenêtre de mon salon... pour atterrir quelques étages plus bas sur des échafaudages utilisés par des maçons.

Jamais, il ne me vint à l'esprit que ces gestes étaient lâches. Au contraire, jamais il ne me vint à l'esprit d'en vouloir aux gens qui tentent de s'enlever la vie. Je trouvai incroyable que la veuve d'un suicidé s'exclame : « 'Stie, y était même pas assuré ! » Les innombrables infortunés que la tragédie contraint à se détruire ne devraient pas encourir plus de blâme que les victimes d'un cancer incurable. Quelqu'un que j'aimais beaucoup me fit venir chez lui et me déclara son mal de vivre, ses malheurs, son angoisse. J'avais vingt ans, j'étais fort et bien dans ma peau, toute ma vie exubérait. « Que ferais-tu à ma place ? » me demanda-t-il. L'ayant entendu, je lui répondis : « Je me tuerais, mon vieux. » Le lendemain, il était mort. Je ne l'avais pas écouté. J'ai dragué le fleuve trois jours avant de retrouver son corps. Les gens bien portants sont fondamentalement incapables de se représenter cet état devenu insupportable et sans espoir dont la tristesse et la mélancolie ne sont que de lointains reflets : « Le désespoir et la fatigue s'unissent et le soleil se dirige d'un autre côté » (Michaux) ; « Dans la nuit véritablement noire de l'âme, il est toujours, jour après jour, trois heures du matin » (Fitzgerald). Le mal s'insinue peu à peu ; il n'est pas pris au sérieux, jusqu'au souffle froid de la tentation de se détruire. Les gens qui font le saut sont déjà morts dans leur vie, ils recherchent la vie ailleurs. Il faut toujours être à l'écoute. « Ce monde peut tout nous prendre, peut tout nous interdire, mais il n'est du pouvoir de personne de nous empêcher de nous abolir. Tous nos abîmes nous y invitent ; mais tous nos instincts s'y opposent » (Cioran).

# À chacun son jardin secret

## Michel Boyer

Deux de mes amis se sont suicidés. Un s'est pendu et, quelques années plus tard, l'autre a sauté du pont Jacques-Cartier. On ne se serait pourtant jamais douté qu'ils avaient l'intention d'en finir.

### Mon ami Serge

À l'époque, je suis proche de mon ami Serge (*nom fictif*). On se voit tous les jours, il habite chez moi. Après un grave accident qui l'immobilise longtemps, il est, à son grand désespoir, incapable de travailler. Il est restreint dans ses mouvements : une jambe lui donne du fil à retordre et il a du mal à bouger les poignets. L'hiver qu'il passe chez moi est très pénible pour lui. Je trouvais Serge très intelligent. Il avait fait son cours classique. Il lisait beaucoup. Normalement très actif, il « prenait un verre », ce qui le rendait vulnérable.

### Un jour comme un autre

Rien ne laissait supposer ce qui arriva par la suite... Un vendredi après-midi, nous sommes chez un couple d'amis. On parle de tout et de rien, on blague. La bonne humeur règne et Serge paraît en forme, malgré un p'tit verre dans le nez. Il sourit. Au moment du départ, nous prenons des directions différentes. J'ai appris par la suite qu'il avait emprunté cinq dollars pour se payer un taxi mais sans dire où il allait... Pour Serge, c'était la destination finale. Ce jour-là, en fin d'après-midi, il sauta du pont Jacques-Cartier. Je n'ai appris la mort de Serge que le lendemain. Tranquillement attablé chez un ami, je ne me doutais de rien lorsque la femme de ce dernier m'annonça la nouvelle. Ça m'a donné tout un coup mais, dans ces cas-là, la réalité nous rattrape vite. Au même moment, la police appela et demanda si quelqu'un pouvait identifier le corps. Étant donné l'amitié que j'avais pour Serge, j'ai consenti à me rendre à la morgue. Je n'aperçus que le visage de mon ami, un grand drap blanc couvrant le reste de son corps. Deux secondes et c'était fini. J'en ai eu pour des mois à me replacer.

# L'histoire se répète

Nous sommes des amis réunis dans une brasserie. Tout le monde s'amuse et joue au billard. André (*nom fictif*) reste silencieux, mais il rit ferme et semble s'amuser aussi. Après une heure passée en notre compagnie, il décide de rentrer chez lui. Peu de temps après son départ, sa blonde s'arrête à la brasserie après son travail. Elle se demande où est passé son chum : ils ont pourtant rendez-vous. Elle tente plusieurs fois de le joindre à la maison mais sans succès... La ligne est constamment occupée. Après deux heures d'attente, elle rentre à la maison. Une mauvaise surprise l'attend : le corps d'André pend là, au-dessus du sol. La pauvre a mis beaucoup de temps à s'en remettre. De notre côté, on s'est demandé la raison d'un tel geste... Notre ami avait une belle femme toujours de bonne humeur, dynamique, le goût de vivre en personne, pour ainsi dire !

Pourquoi choisit-on de mettre fin à ses jours lorsqu'on a tout pour être heureux ? Il semble qu'on ne connaisse jamais vraiment une personne. L'être humain recèle un jardin secret qu'il garde jalousement, parfois, jusqu'au désespoir. Certaines choses nous touchent à un point tel que nous ne pouvons pas nous en libérer. On ne se confie pas à n'importe qui. Ça prend quelqu'un d'ouvert et beaucoup d'amitié, ou encore un professionnel adéquat. Il faut surtout ne pas garder le problème pour soi. En parler est important ! Chacun a son lot de problèmes : la déprime quasi permanente, l'épreuve qui paraît insurmontable, le ras-le-bol. C'est là que les amis entrent en jeu et doivent manifester leur attachement. Le manque d'amour, d'argent, de travail, d'affection mène souvent au suicide. Parfois, juste le réconfort qu'apporte un ami chasse les idées noires... Certains vivent dans leur petit monde, repliés sur eux-mêmes. C'est alors que les proches doivent unir leurs efforts pour leur apporter du soutien. Rester à l'écart n'arrange rien. Le soleil rayonne quand on se donne la peine de le regarder. Il faut faire l'effort de se dégager de ses tracas, souvent laisser la timidité de côté et s'ouvrir à quelqu'un qui nous *comprenne*. On découvre progressivement les bons côtés de la vie... Le suicide n'est pas une solution. Et l'aide existe.

# Vih-Ruse

*Shayo*

Je suis la femme vénérienne ; alitée dans mon lot d'infections, lovée comme un fœtus, je n'ai plus de force pour combattre l'inévitable. Je m'efface doucement devant l'écran morne et plat de ma réalité et dans la transe de l'agonie, je baise la mort.

Entre mes doigts, un fin pinceau ; la douleur et la maladie se métamorphosent en un amalgame de couleurs et de formes réconfortantes. Des toiles peintes d'agonie sur les murs de l'espoir me ressuscitent. Elles sont le reflet de tout ce qui meurt en moi : la jeunesse, la santé, la sensualité, l'érotisme, l'apparence, l'indépendance… Mourir à tant d'univers et rester vivante… La création est mon seul espoir, l'art ma révolte ; ma technique, la délivrance.

Quand on vit dans la peur, les préjugés, les chuchotements, les menaces, les silences, le rejet, le mépris, la honte et l'exclusion… Quand les salles d'attente sont débordées, les urgences engorgées, les trithérapies, les effets secondaires et les douleurs sont routines… Quand on doit étouffer nos cris de rage et nos pleurs d'impuissance, quand le tabou persiste, quand l'ignorance assassine, quand l'amour tue… Nous ne sommes plus des femmes, des hommes ou des personnes atteintes, mais des survivantes, des survivants…

# La petite Marie

*Pierre Goupil*

Ce soir-là, je regardais la télévision. J'étais en robe de chambre… On cogne à la porte. Une jeune femme. Elle me dit d'un souffle : « Monsieur, j'ai peur, je dois passer la track et me rendre au 63… rue C., aidez-moi, j'ai peur. » Dans ma chambre, je m'habille. Elle me demande l'heure. « Il est 11 h 50 », lui dis-je en mettant mes pantalons.

Nous sortons sur la rue et traversons la track. Elle, nerveusement : « J'suis fatiguée… Est-ce qu'on approche ? » Je tente de la rassurer. Elle me dit son nom : Marie. Je lui dis le mien. Elle ajoute que je pourrais être son père après que nous nous soyons dits nos âges : elle, 22, moi 53. Nous continuons de marcher vers le nord, moins vite : elle a mal aux pieds. Devant la Saint-Vincent-de-Paul, elle dit : « Je vais venir voir demain s'ils donnent du linge. » Nous parlons, elle n'arrête pas de me remercier, et finalement, je la reconduis à l'adresse où elle veut aller.

Et, merde, croyez-le ou non, je me suis perdu sur le chemin du retour (!). J'ai demandé mon chemin à un cycliste. Arrivé chez moi, je sors mon bac vert bien rempli et ma chatte, Plote, s'échappe en me passant entre les jambes. Elle est dégriffée, c'est une chatte d'intérieur que ma mère et un de mes frères m'ont donnée. Je vais me recoucher et ne la récupérerai que vers 4 h du matin. Demain, je distribuerai *L'Itinéraire*… et je verrai peut-être un film, j'écrirai un peu et je lirai un livre ou deux sur la communication.

# Festivalité aiguë ?

*Norman Rickert*

Au moment d'écrire ces lignes, je n'ai vu qu'un spectacle au Festival de jazz de Montréal, celui de ces démons blonds du déhanchement total (Shuffle Demons). Une formation qui fête son vingtième anniversaire en grande pompe. Mais tout un spectacle, mes amis. Un groupe très tight : trois saxophonistes, un contrebassiste et un batteur, des joyeux lurons dadaïstes qui savent conjuguer jazz et humour comme pas un. Un morceau de Charles Mingus, puis un sur les citrouilles, un sur notre religion nationale, le hockey, et puis un sur la plaie d'Égypte des nouveaux locataires du 1er juillet : les coquerelles. Par contre, il y avait tellement de monde qu'il était difficile de se frayer un chemin et partout on voit des kiosques offrant des marchandises hors de prix pour mon low budget. Lorsque ce texte sera publié, je crois que je serai atteint de festivalité aiguë : le texte suivant propose de faire de notre ville un festival perpétuel à l'année longue, pouvant causer des traumatismes pour celui ou celle qui désire une vie plus normale...

**Ville-festival, Part 2**
...Et quoi encore ?
Le festival du char à la batterie à terre de janvier
Le festival des amours en chocolat de février
Le festival de l'érable aux pluies acides de mars
Le festival du carême crucifié, imposable d'avril
Le festival du kleenex mouillé, dû au pollen de mai
Le festival du drapeau patriotique de juin
Le festival de la construction en congé en juillet
Le festival du blé d'Inde aux deux couleurs d'août
Le festival de la rentrée à l'école du parle-ment de septembre
Le festival des feuilles rouges comme la crise d'Octobre
Le festival des morts empoisonnés d'Halloween de novembre
Le festival de Noël quétaine psychédélique télévisuel de décembre
Mort aux festivals...

# Ceux-là

*Mario Le Couffe*

Ceux qui s'agglutinent pour voir le blessé hurlant de souffrance dans le fouillis de son auto, prostrés, brûlants, chapardeurs, chacals ; restants infâmes qui feront sûrement les manchettes d'un *Allô Police*, d'un *Allô Sanglant*. Ceux qui se contorsionnent pour voir l'accusé, innocent ou coupable, pour savoir combien il paiera de sa vie le temps dû à la société (non qu'il ne mérite pas d'être puni). Mais pourquoi prendre autant de plaisir à voir les gens s'enfoncer au travers du long voyage de leur vie ? Ceux qui papillonnent gaiement lorsque deux êtres qui s'aimaient se retrouvent déchirés, « dédimanchés », parce qu'ils se sont séparés à travers les flashs des paparazzis et les propos insolents des spécialistes de la descente aux enfers. Ceux qui s'évertuent à travers les labyrinthes de la Bible, les dédales du Coran, les multiples soubre-sauts des sectes de A à Z, à nous dire quel chemin prendre, à garder notre enfant à la suite d'un viol, à le garder même si notre santé est hypothéquée. Ceux-là même qui nous interdisent de mourir lorsque la vie est insoutenable, l'esprit ravagé de gangrène, le corps révolté, rebelle à ce qu'on lui offre pour le soulager, ceux-là ont-ils déjà agonisé dans la boue visqueuse d'un Vietnam qu'on n'a pas choisi, d'un Irak incrédule devant notre présence bien mal définie ? Ceux-là qui jouissent du côté sombre de l'être humain sans songer à donner un coup de main, les porteurs de la « vérité » sur Terre et dans l'Univers, eux qui ont éliminé les non-croyants, qui ont brûlé les hérétiques, eux, je leur demande pourquoi. Eux qui ont biffé vos noms de l'histoire vivante pour faire bêtement de leur peau des boutons ou du savon, méchanceté engendrée par la suprématie de la race aryenne, ceux qui ont associé couleur de la peau pour différencier Homo sapiens d'australopithèque. Tous les « esclavisants », les empêcheurs de tourner en rond systématiques, je ne leur demande plus pourquoi finalement, je leur suggère prestement, s'ils savent lire, de laisser les gens vivre. Vous verrez, *la vita è bella* si l'on veut.

# Requête de considération

*Marie Gagnon*

Parfois, rue Sainte-Catherine, des souvenirs me montent au nez en bouffées d'amertume. Des souvenirs d'il y a 15 ans. Le rappel de longs mois puants, où la mendicité assurait ma pitance. Je paradais, coin Amherst, la paume tournée vers le ciel, attendant que des passants y laissent tomber des étoiles argentées. Ces pièces de monnaie me coûtaient toute ma dignité. Aujourd'hui, l'asphalte usé de mon ancien coin de trottoir sert toujours de socle à un autre quêteux. Rien ne change… pas même le regard de la plupart des gens, déposé comme un mépris sur ces ornements de trottoir.

À l'époque de mon itinérance, j'ai été témoin d'étudiants en sciences humaines de l'UQAM qui ont fait le pari de démontrer, par le biais d'une étude-réalité, que la paresse des quêteux rapporte davantage que l'assiduité à l'étude. Selon le postulat des étudiants, les quêteux n'avaient qu'à tendre la main pour recevoir de l'argent. C'est ainsi que pendant une semaine, ils ont emprunté le rôle de sans-abri et mendié du petit-déjeuner au souper, près du métro Berri ainsi que sur les grandes artères avoisinantes. Cette expérience menée au printemps fut, au pire, une récréation pour cette jeunesse bien nourrie et en santé. Dix fois par jour, on croisait ces manne-quins de trottoirs, en train de quémander. Mines affables et demandes courtoises, polis et articulés jusqu'à l'insoutenable, ils tendaient la main comme les chiens donnent la patte, étrennant des visages tristes qu'ils croyaient de circonstance.

Au terme de leur étude-réalité, qui a malheureusement servi de base à un travail scolaire et a fait le sujet du jour des médias, ils ont notamment conclu que donner à un itinérant équivaut à le fournir en drogue ou en alcool. L'iti-nérant récolte plus d'une centaine de dollars par jour, exempts d'impôts, soit davantage que le revenu d'un modeste salarié.

Alors que je vivais de mendicité, j'ai ravalé une indignation ressentie jusqu'aux tréfonds de mon âme. Le mendiant se *stationne* non pas sept, mais bien trois cent soixante-cinq jours par année sur les trottoirs, et ce, à 30 °C comme à -40 °C ! Les passants l'ont assez vu et ne lui font plus la charité. Les flics le harcèlent et, parfois même, un autre quêteux lui réclame son bout de rue prétendument plus stratégique. Il a parfois plus de 50 ans et traîne une carcasse douloureuse et chancelante. Trop souvent aussi, il sort d'un hôpital psychiatrique surpeuplé.

À l'époque où je me suis mise à la mendicité, j'étais recherchée par la police et n'osais plus voler pour me procurer ma drogue. Ça a été une expérience difficile où j'attendais parfois des heures avant de récolter mon premier 20 $. Pourtant, j'étais jeune, articulée et d'allure aimable. Cependant, il m'aurait été impossible de travailler dans l'état psychologique dans lequel j'étais, incapable d'aligner une idée à la suite de l'autre.

Bien sûr, le mendiant quête plus souvent qu'autrement pour de la drogue ou de l'alcool. Personne ne doit être dupe, mais personne n'a le droit de juger de cette toxicomanie qui, plus souvent qu'autrement, est un dernier recours à la vie. Par-dessus tout, il faut retenir que pour comprendre la personne itinérante, il importe de revêtir sa façon de penser plutôt que de le regarder avec ses propres idées. Il faut cesser de partir de soi, de ses comportements sociaux et de ses jugements moraux pour expliquer ceux des autres.

Que l'on donne ou non de l'argent aux quêteux demeure du domaine privé. C'est notre affaire à chacun. Mais laissons vivre les itinérants ! La quête est un moyen de subsistance déjà payé excessivement cher : une humiliation terrible qui, croyez-moi, mérite au moins le salaire de la considération humaine.

# D'itinérante à folle du logis

*Cylvie Gingras*

Je sors de prison et toutes les maisons d'hébergement à long terme sont pleines. Il ne me reste qu'un seul choix : le refuge pour femmes. Je dois téléphoner tous les après-midis à 15 h 30 pile ; pas une minute de moins, ni de plus. Faute de 25 ¢ pour téléphoner, je me présente à la porte d'entrée pour réserver mon lit. Il n'y a que 12 places, il faut faire vite. On est très bien traitées : un bon souper, laveuse, sécheuse, journaux, télévision, bon déjeuner. On se prépare un lunch pour passer la journée dehors, bref, l'illusion d'un pique-nique à flanc de montagne, là où les arbres ont l'allure de brocolis géants à travers lesquels on croirait entendre du Beethoven quand le vent agite leurs feuilles.

Je dispose d'une semaine pour me trouver un appartement. Je n'ai pas de BS (pas de BS, pas d'adresse, pas d'adresse, pas de BS), pas d'assurance sociale, pas d'assurance maladie, aucune pièce d'identité. Quasi utopique de me trouver un appartement, surtout que j'ai vécu deux fois l'expérience de la réinsertion pour ensuite me retrouver à la rue et de nouveau en prison puis encore à la rue. Bref, la tournée du réseau. Quatre matins de suite, on me réveille à 6 h afin que je sois la première à consulter les journaux. Dans *Le Devoir* et *La Presse*, *niet*, *nada*, *nothing*. Le cinquième matin, j'ajuste mon tir sur le *Journal de Montréal*, celui que je déteste et juge sensationnaliste, rien de plus. Première annonce : Ahunstic, deux et demie semi-meublé, 295 $. Bingo ! Je trépigne d'impatience. J'attends jusqu'à 8 h 30 avant de contacter le propriétaire. On se donne rendez-vous devant la maison. J'explique ma situation financière et il me dit qu'il ne fait pas de discrimination et me signe un bail. Je file au bureau du BS et j'attendrai que mon chèque arrive dans dix jours à l'organisme qui administrera mes sous pour les deux prochaines années, car ce que je reçois d'une main, je le dilapide de l'autre. Dans mon appart', il y a une petite table de cuisine, deux chaises pliantes, un réfrigérateur jaune qui beugle pour fonctionner. Dès que mon bail est signé, je file à la maison d'hébergement pour rapatrier le peu que je possède et décide de passer la nuit chez moi, à même le plancher. Je n'ai rien, même pas une petite cuillère pour la freebase. Pour une toxicomane, c'est pas peu dire.

## La réalité

Moi qui ai toujours aimé la nature, j'habite à 15 minutes du parc de l'Île-de-la-Visitation, mais mes pieds ont cessé d'avaler des kilomètres d'asphalte. L'inertie totale. Dans mon appart', il n'y a pas que des araignées au plafond : il y en a aussi dans ma tête. Ayant perdu la notion de « straighteté » depuis presque 30 ans, la folle du logis a envahi mon cerveau. J'ai passé les deux premières années, stores fermés, à vacher ou à chienner, selon mon humeur, devant ma petite télé noir et blanc, dans le dénuement le plus total. Ma vie était aussi drabe que les murs et le plafond de mon appart'. Je vivais plusieurs deuils. Je ne savais pas encore que j'étais psychotique bipolaire. Ma cyclothymie faisait en sorte que j'oscillais entre la dépression profonde et l'agitation incontrôlable. Même pas moyen de me jeter par la fenêtre : j'habite un sous-sol. Entre la solitude et l'isolement : pas d'amis, ni de comparse pour planifier et réussir des mauvais coups. Je trouvais ma vie plate à mort. Personne ne savait où j'habitais, car il fallait que j'évite que mon petit nid devienne une *shooting gallery*, ou encore un squat. J'ai réappris à marcher droit dans un chemin droit et pas question que mon ex-gang de toxicomanes (qui d'ailleurs me manque) vienne gâcher ma nouvelle vie.

## La stabilité

Depuis ce temps, j'ai repeint mon logis trois fois et je célèbre maintenant mon centième mois de paiement de loyer ! Actuellement, je possède tout ce dont j'ai besoin et plus encore. J'ai adopté une chatte, Coquette, qui est aussi mon p'tit comité d'accueil. Cela fait un peu plus de deux ans que j'en prends soin et elle est toute ma vie. Je suis maintenant heureuse et confortablement installée. Et pis je quitterai mon bel appart' lorsque j'aurai mon HLM. Dans au moins dix ans !

# Qui sont les fous ?

*Cylvie Gingras*

Sir Winston Churchill, Abraham Lincoln, Napoléon, Théodore Roosevelt et Tchaïkovski en étaient atteints et, pourtant, ils ont vécu des vies fabuleuses. Actuellement, au Canada, 100 000 personnes souffrent de troubles bipolaires, mais seulement 10 000 d'entre elles sont diagnostiquées. Ex-détenue, lesbienne, junkie, polytoxicomane et alcoolique, il ne me manquait qu'une étiquette : psychiatrisée ! Voici mon cheminement dans les méandres de la psychiatrie.

Octobre 1994. Tout comme Dieu, j'ai le don d'ubiquité ! Le cerveau en effervescence constante comme un comprimé de Polident dans un verre d'eau, un micro-ondes à deux temps high et high. Intensité : 10 sur 10 ! Je travaille sur plusieurs de mes textes et j'aide les camelots à écrire les leurs, je fais partie du comité de rédaction. Bref, je suis le lapin Energizer ! Je suis d'une loquacité telle qu'on me surnomme « Tasmanian ». Pour moi, le journal représente ma cure de désintoxication. Je m'y sens utile, vivante et valorisée.

## Toujours high

En juin 1999, je vis un high sans précédent : huit jours sans dormir ! Vous rendez-vous compte que ça représente 208 heures d'affilée ? Malgré moi, je me rends à l'hôpital. Résultat : maniaco-dépressive, ou encore, bipolaire. Le médecin me remet une ordonnance pour « m'aider à redescendre sur Terre ». Au bout d'une dizaine de jours, le pire se fait sentir. J'ai l'impression de ressentir *tous* les effets secondaires inscrits sur la feuille de chaque médicament. Je vous en nomme seulement un : le Paxil ! En le prenant, je ne sens plus mon corps ! Si je me frappe contre un meuble ou sur le coin d'une table, je ne sens rien. J'ai tellement d'ecchymoses que j'ai l'air d'une femme battue ! Au bout d'un certain temps, commencent aussi à se passer des choses bizarres dans ma tête : je lève les yeux sur les tuyaux du plafond en me disant que je pourrais facilement me pendre, je n'écris plus. Moi qui ai toujours eu le sourire aux lèvres, je ne suis pas habituée à cet état d'âme. Je me sens tellement mal que je me dis que j'ai le choix entre deux roulettes : celle de la souris cobaye shootée aux médicaments ou celle d'un revolver collé contre ma tempe... Mais calvaire, je ne veux pas mourir ! Je veux retrouver mon goût de vivre, ma joie d'antan, quoi !

## Psychiatre congédié

Je téléphone donc à mon psychiatre que je n'ai pas revu depuis ma visite à l'hôpital. Il me demande d'aller à son bureau le lendemain après-midi. En entrant dans la salle d'attente, la première chose que je remarque est la date de son diplôme : 1961 ! C'est étrange, mais je n'ai pas confiance... Je me dis en mon for intérieur que vu la quantité de médicaments qu'il m'a prescrits, alors que je suis supposée faire partie des « bons » maniaco-dépressifs, j'imagine facilement ce qu'il doit prescrire aux autres malades... C'est vrai que ça doit être plus payant de garder ses patients malades que de les guérir...

Finalement, vient mon tour. Le psychiatre m'affirme que si je me sens déprimée, c'est le but des médicaments ! « Je comprends que je planais pas mal haut, mais là, vous m'avez jetée par terre ! N'y aurait-il pas un compromis entre le ciel et l'enfer ? Moi, j'aimerais ça faire un bout de purgatoire ! » Quand je lui demande pourquoi je suis si tremblotante, il me répond : « Votre pilule jaune a des effets secondaires, alors pour les diminuer, vous devez prendre la bleue qui, elle aussi, a des effets secondaires. Alors, je vous ai prescrit la verte, mais les tremblements sont les effets secondaires de la verte. C'est normal ! »

À la suite d'un événement psychotique qui m'a menée à être tannée de tourner dans la roulette du hamster, j'ai décidé de congédier mon psychiatre ! J'en ai trouvé un autre, le bon, cette fois-ci. Depuis, j'ai repris goût à la vie ; je suis plus calme ; j'arrive à créer de nouveau. Je n'ai pas perdu le feu sacré de l'écriture et je le sens, le meilleur est à venir !

# L'attitude

## *Tatoo*

Plus j'avance en âge, plus je me dis que notre vie est orientée en grande partie par notre attitude. À mes yeux, l'attitude est plus déterminante que la réalité : elle importe davantage que le passé, l'éducation, l'argent, les circonstances, les échecs ou les réussites. Elle est aussi plus importante que ce que les gens peuvent penser, dire ou faire. L'attitude passe avant les apparences, les talents ou la compétence. La prospérité ou la déchéance d'une Église ou d'une famille peuvent être ramenées à une question d'attitude. Ce qui est remarquable, c'est que nous pouvons décider chaque matin de notre attitude pour la journée qui commence. Nous ne pouvons pas changer le passé ni empêcher les gens d'agir comme ils le font. Nous ne pouvons pas non plus éviter l'inévitable. Par contre, nous pouvons tous tirer profit de notre plus grand atout : notre attitude.

# Parti avec la pluie

## *France Lapointe*

Il pleuvait quand mon ami Lucien est parti. En plein après-midi, à 14 h, le 25 septembre. Lucien souffrait dans son corps et dans sa tête. Comme une bête blessée, il est venu mourir chez moi en confiance. Il venait d'avoir 51 ans et était camelot au métro Mont-Royal depuis 11 ans. Son dur vécu l'a battu à mort. Lucien avait mal, le cancer de l'âme depuis l'enfance. Avant de mourir, il m'a tenu la main et m'a dit : « Tu es une grande dame et je t'aime. » Sous ses allures de guerrier, Lucien était un hypersensible. En écrivant ces lignes, je suis sous le choc. Je ne suis pas capable de pleurer parce que mon amour d'amitié est encore trop présent en moi. Quand il est parti, Lucien m'a transmis sa force. J'ai senti une délivrance pour lui et pour moi. La douleur est une énergie libératrice. Mes jambes vibraient, et soudainement, je me suis sentie plus calme, apaisée. Mon plus grand désir est que Lucien trouve enfin la paix et qu'il devienne mon ange gardien pour toujours. Je t'adore, Lucien !

# Sac de bonbons mélangés

*Jocelyn Larivière*

La vie nous amène là où elle veut. Dans mon cas, elle m'a amené là où je ne voulais pas. Une enfance sans enfance, avec une mère et un père violents, et un beau-père encore plus violent. Une vie avec beaucoup de dysfonction-nements. J'ai souhaité la mort aux gens qui m'ont nourri et logé. Quel beau cadeau de la vie !

À huit ans, pour avoir de l'amour, j'ai subi l'inceste. Dans ma famille, ma mère, qui était au courant, m'a toujours dit d'un air très sévère de ne jamais parler de cela à qui que ce soit. Ma vie est un beau sac de bonbons mélangés. Ce que j'entends par là, c'est que je me sens fucké, avec toutes sortes d'émo-tions contradictoires dans la tête.

À onze ans, je me suis prostitué, en manque d'un père, peut-être. À l'école, j'étais un gros zéro. Quand je manquais l'école, j'allais voir un cordonnier, un vieux monsieur de 60 ans sur la rue Fullum, qui me donnait cinq dollars en échange de sexe… Quand je vous disais que j'étais un beau sac de bonbons mélangés !

Ma mère avait un chum qui travaillait dans le déneigement. Lui et moi allions porter la neige au port de Montréal, et il me baisait pendant le trajet. Ma mère sortait avec un pédophile, mais elle ne l'a jamais su. Il me donnait de l'argent pour que je me taise. J'avais alors douze ans, et ça a duré une année. Je me rappelle encore que ma mère me disait de ne jamais rien dire.

À quinze ans, quand ma mère a appris que je couchais avec des hommes, elle m'a jeté dehors en me disant : « Tu ne resteras plus icitte. Va-t'en ! Je ne garderai pas de tapette dans ma maison. Ton père doit se retourner dans sa tombe ! » Pourtant, j'aimais les femmes, mais elles ne venaient pas vers moi. Ma mère avait un restaurant dans l'est de Montréal et elle voulait que personne ne sache que je me prostituais. Ne sachant que faire, je suis allé au poste de police et ils sont venus à la maison pour essayer de raisonner ma mère, en vain. Elle ne voulait rien entendre, mais les policiers lui ont dit qu'elle était responsable de moi jusqu'à dix-huit ans. Elle leur a dit qu'elle s'en foutait, et que je devais partir de chez elle illico. C'était dans les années soixante-dix. J'ai alors pris mes affaires... Vous savez, dans le cœur d'un enfant, une mère reste une mère. La pilule a été dure à prendre, car le sac de bonbons venait encore une fois d'être mélangé davantage.

Quand je suis parti de chez ma mère, j'ai tenté de me suicider, mais j'ai finalement eu trop peur de le faire. C'est là que j'ai commencé à haïr les femmes. Avec mes quatre sœurs qui m'en avaient fait voir de toutes les couleurs, ma vie venait de sombrer. La famille venait de s'écrouler. À quinze ans, je me suis retrouvé seul, sans famille.

Dans ce temps-là, je me tenais au square Dominion. Je me prostituais, je me payais du pot et de l'alcool, et j'allais dans les bars. En 1973, à l'âge de quinze ans, j'avais déjà l'apparence d'un gars de vingt ans. Cinq ans plus tard, j'ai contracté le sida sans le savoir. Comme beaucoup de gens sont morts dans les années quatre-vingt, j'ai alors su que j'avais cette maladie. Ce fut une tragédie pour moi et j'ai encore tenté de me suicider, cette fois-ci avec ma voiture, en fonçant dans le mur d'un supermarché ! En deux ans, à Montréal, 5 000 personnes sont mortes du sida. Je ne voulais plus baiser avec personne, et j'ai sombré dans la toxicomanie. Je voulais mourir. Je ne voyais plus personne. Aujourd'hui, je ne suis pas en grande santé, mais je survis et j'ai retrouvé un peu d'espoir en vendant *L'Itinéraire*. Si vous ne me voyez pas au métro Sherbrooke, c'est que je suis malade à la maison.

# La vie

## *Mario Le Couffe*

L'itinérance n'est pas une invention chrétienne, ni musulmane, ni préhistorique. Elle est la cave dans la maison, le bout d'os sous le charcoal. J'ai vu de belles personnes sombrer jusqu'à se noyer. Bon. Marcher clopin-clopant n'est pas un jeu d'enfant. Il vient de haut en monnaie, gambling, looping sans frein d'arrêt. L'itinérance est une réalité drôlement banalisée, comme les kamikazes, pour Dieu sait quoi. L'itinérance c'est perdre sa famille, c'est soi-même la mettre de côté. L'itinérance c'est oublier d'exister, de se souvenir des beaux moments de l'enfance. Mettre son pied l'un devant l'autre sans savoir si l'autre suivra. Parce que le doute est toujours là, qui ou quoi nous a mis *au monde* ? Et chaque monde, le mien, sourd, muet, aveugle, va selon ce qu'ils (elles) peuvent. Être itinérant n'est point l'absence de vivre, c'est l'égarement. Subsaharien évitant les oasis, si prêtes à nous dépanner. L'itinérant est un être perdu assez longtemps parce que son SOS s'est perdu dans la tempête.

# Une personne blessée

## *Ana Luisa Portillo*

J'aimerais partager quelques moments de ma vie avec vous, lecteurs, car je sais que vous avez tous un grand cœur. J'ai 49 ans, je suis arrivée au Québec comme réfugiée il y a 17 ans et je remercie beaucoup le Canada de m'avoir ouvert ses portes. Dès que j'ai commencé à pouvoir marcher, je me souviens m'être fait abuser sexuellement par les hommes autour de moi. J'habitais au Salvador, dans le village de Canton Rodriguez de San Jose Guayabal. Mon frère, mon père, mon beau-père, les voisins, tout le monde abusait de moi. Cela a détruit mon enfance. Dès que j'ai commencé à travailler, c'est en tant que prostituée que je l'ai fait. Je suis ainsi partie au Guatemala à l'âge de 18 ans, puis au Mexique, pour faire le trottoir. À travers cette vie de misère et d'itinérance, j'ai eu trois enfants, dont l'aînée, Gladys, est trisomique. Malgré mon manque d'instruction, car je ne suis jamais allée à l'école, j'ai fini par exercer de vrais métiers : blanchisseuse, puis couturière. J'habitais alors à Los Angeles, aux États-Unis. Mais mon idée était d'aller au Canada, afin de m'éloigner le plus possible des hommes qui m'ont abusée sexuellement et pour éloigner aussi mes enfants de la guerre qui faisait rage dans mon pays natal. Je remercie très fort le Canada et le Québec de m'avoir donné la chance de débuter une nouvelle vie : par exemple, j'ai obtenu un appartement pour la première fois et j'ai découvert ici une dignité que je n'avais jamais eue. Maintenant, je me sens considérée comme une personne. Une personne blessée, mais une personne quand même.

# Tomber... et se relever

## *Yvon Massicotte*

Tout a commencé par un accident dû à la chute d'un arbre. J'étais allé aider mon neveu émondeur. Lorsqu'il a coupé l'arbre, celui-ci est tombé sur moi. Et je suis tombé dans les pommes, même si c'était un érable ! Un miracle s'était produit, car même sous l'arbre, j'étais tombé entre deux bûches qui se trouvaient là. Quelqu'un, quelque part, devait veiller sur moi ; peut-être mon père décédé qui m'adorait. J'avais quand même un os cassé, et je ne me doutais pas que je m'étais aussi fait une mauvaise hernie à l'intérieur de la colonne. Pendant cinq ans, je me suis courbé de plus en plus. Même les jeunes dans l'autobus m'invitaient à prendre leur place. Aujourd'hui, plus personne ne se lève car je me tiens droit.

Après m'être fait opérer le dos, j'ai vécu à la maison du Père. Les patrons, les intervenants et les bénévoles m'ont tous soutenu du mieux qu'ils le pouvaient. Pendant cette année de convalescence, le temps était très long et la belle qualité de vie que j'avais avant mon accident était loin.

Après ma convalescence, l'hiver était là et je n'avais plus d'argent, alors j'ai décidé de quêter : la tête entre les deux jambes, le foulard devant la figure en espérant que personne ne me reconnaisse. Puis, un jour, un gars de L'Itinéraire m'a proposé de vendre ce journal. Après quelques hésitations, j'ai décidé d'y aller début février. Depuis ce temps, l'espoir est revenu. J'ai retrouvé le contact social dont toutes les personnes normales ont besoin et que j'avais perdu. Aujourd'hui, grâce à vous, je revis. Merci beaucoup...

# Une nouvelle chance

*Danielle Ndeze*

Je considère que je suis une bonne marcheuse et que j'ai assez d'entregent pour aborder les passants, c'est pourquoi je me suis lancée dans l'aventure de la vente du journal *L'Itinéraire* avec enthousiasme. Je suis originaire du Congo et cela faisait quelque temps que je n'avais pas travaillé. Mais je suis et j'ai toujours été sensible aux grandes causes. C'est donc avec joie que j'ai décidé de vendre un journal qui pouvait aider d'autres êtres humains à se remettre sur pied. Et moi aussi, bien entendu. Car j'avais besoin de L'Itinéraire aussi. Cela m'a fait du bien de briser la glace, de m'adresser aux passants en leur demandant de poser un geste. En travaillant, j'oubliais mes propres problèmes, mon congé de maladie, la timidité qui est devenue une seconde nature pour moi. J'avais la chance de vendre dans un environnement sympathique (le marché Atwater et le métro Lionel-Groulx). J'essayais de mettre de l'avant la chaleur humaine que mon superviseur m'avait témoignée. Je me souvenais d'autres témoignages que j'avais moi-même lus dans d'autres numéros. Je pensais que dans la vie, il arrivait à tout le monde d'avoir son quota d'ennuis, mais que ce qui importait le plus était l'énergie avec laquelle on décidait de s'en sortir. Dans mon pays d'origine, la vie avait ses difficultés, mais ici aussi j'ai été confrontée à l'hiver, à la solitude, à un monde qui semblait aller plus vite que moi et que je ne pouvais suivre.

Qu'importe, j'ai essayé de garder, malgré tout, le sens de l'humour et le désir d'aller de l'avant. À travers ceci, je m'exprime et cela met en marche mes capacités, ma combativité.

# « C faite »
## *Gabriel Bissonnette*

Vous rappelez-vous de mon article sur la lutte que je menais contre l'hépatite C ? Permettez-moi de vous rafraîchir la mémoire. Au mois de janvier 2007, j'ai enfin terminé un traitement de 48 semaines contre le virus de l'hépatite C, qui ne pardonne pas et peut entraîner la mort. Je me rappellerai toujours de ce combat que j'ai mené pour ma vie. Mes chances de guérison étaient d'à peine une sur cinq. Voici le résultat de ces durs moments passés pendant mon traitement au Pegetron (capsules de Ribavirine et interféron en solution injectable), tel que promis.

Vous rappelez-vous des questions que vous me posiez lorsque je suivais mon traitement ? En voici quelques exemples : « As-tu recommencé à consommer ? » ; « Mon Dieu ! Fais-tu une rechute ? » ; « T'as donc bien maigri ; es-tu malade ? » Aux réponses que j'élaborais, d'autres questions suivaient : « C'est quoi l'hépatite C ? Peux-tu en mourir ? Est-ce que ça se guérit ? C'est quoi ça l'interféron ? »

Concernant cette dernière question, l'interféron est un traitement contre l'hépatite C, aussi dur sur l'organisme que la chimiothérapie pour les cancéreux, mais beaucoup plus long : presque un an de traitement. Suite à mon injection hebdomadaire, je ressentais des frissons, des migraines et une baisse d'énergie radicale. J'ai aussi beaucoup maigri. Tout ça pour n'avoir seulement qu'une chance sur cinq de guérir !

Au moment où j'ai écrit ces lignes sur ma santé, j'en étais à mon sixième mois de traitement et je réagissais bien au traitement, mais la lutte n'était pas terminée...

### Après la tempête, le beau temps, mais pas le calme

Je pesais alors seulement 114 livres et plus j'avançais dans mon traitement, plus je m'affaiblissais. Dans les deux derniers mois, je me suis demandé si j'aurais assez de jus pour terminer mon traitement. Je n'étais plus sûr de rien et je me demandais pourquoi j'avais fait tout cela sans être sûr que je m'en sortirais. Mon moral n'était pas très bon et je pensais souvent à mon père, décédé du cancer du pancréas, et à tous ces traitements qu'il avait subis pour essayer de guérir. À mes yeux, ils étaient en train de le tuer. Je vivais dans l'incertitude et dans le doute. Tout s'est embrouillé dans ma tête, même si je me disais : « Sois fort, continue ! » C'était ben beau de me le dire, mais je ne voyais pas le début de la fin... Criss que j'étais épuisé. La seule chose qui m'encourageait est que j'étais indétectable : je n'avais plus de trace du virus dans mon sang et dans mon foie. Mais je savais aussi qu'une fois le traitement terminé, le virus pouvait réapparaître.

## Mes dernières semaines

Mes quatre dernières semaines ont été longues et difficiles. Même quand j'étais seul, je finissais par me tomber sur les nerfs : ma patience était proche de zéro, mais je commençais enfin à voir une lueur d'espoir. Lors de ma dernière injection à l'interféron, le 27 décembre 2006, des larmes de soulagement et de libération ont coulé sur mes joues et j'ai lancé un cri du cœur. Enfin terminé ?

## Encore de la patience

Une fois le traitement terminé, je devais patienter six mois pour connaître mon résultat final parce que le traitement est tellement fort qu'il reste dans le système. À mon dernier test, à la fin du mois de juin, pendant que mon médecin effectuait mes dernières prises de sang, elle me dit : « Tu sais Gabriel, si le traitement n'a pas fonctionné, nous sommes d'accord pour t'offrir un autre traitement, et au lieu de le faire sur 48 semaines, nous l'étendrons sur 72. » Là, je l'ai regardée droit dans les yeux et lui ai répondu que je préférais mourir plutôt que de refaire ce traitement.

## « C faite »

La journée de mon résultat final, je suis assis dans le bureau de mon médecin, les yeux rivés sur elle. Mon cœur bat à tout rompre. Elle ouvre mon dossier médical et le tourne vers moi. C'est marqué « négatif ». Il y a eu un silence de trois secondes puis j'ai commencé à pleurer comme une madeleine, incapable de m'arrêter. J'ai senti un soulagement et une libération totale. Je me suis excusé de mon attitude et elle m'a dit : « Continue, c'est beau de te voir. » Après quelques minutes d'émotions fortes, elle m'a dit que j'étais l'un des rares patients à avoir réussi le traitement, car seuls 12 % des patients guérissent (la moitié l'abandonne en cours de route). Dans ma tête, je me suis dit : « C'est fait, tournons la page et passons maintenant à autre chose. »

J'ai écrit cet article pour donner de l'espoir à ceux qui subissent actuellement des épreuves similaires. Et à tous ceux qui se battent pour leur survie, je vous dis qu'il faut se faire confiance et faire confiance. Depuis ma guérison de l'hépatite C , je n'ai jamais trouvé la vie aussi belle.

*P.-S.* : Je remercie le groupe L'Itinéraire et Isabelle Bessette de m'avoir soutenu, mon médecin, ma famille, Jean Lemay du Centre Dollard-Cormier, et surtout tous mes clients qui m'ont soutenu pendant mon traitement.

# La chance d'être belle

*Lynne Paquette*

Née, malgré elle, tellement tellement belle
Elle ne connaîtra que la haine maternelle
Sa mère la tiendra responsable de tout mal
Elle détestera l'attrait de sa beauté fatale
Elle se consolera avec l'argent de sa prostitution
Elle se soulagera en détruisant sa réputation
Elle ruminera l'espoir qu'elle ne devienne rien
Elle trouvera normal de la vendre aux lucifériens

Adulte, la belle essayera d'oublier ces souvenirs
Elle réalisera que d'autres souhaitent la punir
Certains mettront tout en œuvre pour la détruire
On s'efforcera de l'empêcher de s'instruire
Pour prouver qu'elle est juste belle, on la fera taire
On niera ses qualités de l'âme la rendant populaire
On lui reprochera son apparence sans maquillage
On la blâmera de ne pas être esclave du bronzage
On ridiculisera qu'elle s'impose une discipline physique
On affirmera que sa minceur est un atout génétique
On ne supportera pas qu'elle soit célibataire
On l'accusera d'être responsable de tous les adultères
On se réjouira si elle se retrouve à la rue
On priera pour qu'elle soit à jamais perdue
On appellera manipulation tous ses élans de gentillesse
On espérera qu'elle s'enlaidisse à la vieillesse
On la détestera plus encore belle même grand-mère
On proclamera que c'est la preuve qu'elle n'a pas souffert

# Anges de la rue pour les plus démunis

*Jean-Marc Boiteau*

En vélo ou à pied, Dave et sa mère Marie-Paulette parcourent plus de 100 km par jour pour donner bénévolement à manger aux démunis. À Montréal, tous les sans-abri les connaissent. Amputé des deux jambes et atteint de la sclérose en plaques, Dave a décidé de faire le bien autour de lui… pour rester en vie. Je les ai rencontrés chez eux, alors qu'ils s'affairaient à préparer la nourriture destinée aux démunis de la métropole.

J'ai rencontré Dave et Marie-Paulette pour la première fois alors que je vendais le magazine *L'Itinéraire* sur mon point de vente, près de la SAQ, à l'angle des rues Beaudry et Sainte-Catherine. Dave s'est présenté et m'a demandé si j'avais faim. Je lui ai répondu oui et il m'a généreusement tendu un sandwich santé. C'est ainsi que j'ai fait la rencontre de ces deux personnes pour qui j'éprouve une profonde admiration !

En 1984, âgé de 21 ans, Dave a reçu une décharge de fusil de calibre 12, qui lui a fait perdre l'usage de ses jambes. À l'hôpital, les médecins l'ont réanimé à 12 reprises. Comme si ce n'était pas suffisant, il y a quatre ans, Dave a reçu un diagnostic de sclérose en plaques et de cancer du poumon. Les médecins ne lui donnaient pas très longtemps à vivre…

### Survie et détermination

« Tous les matins, je prends une brosse ! », lance-t-il à la blague. En effet, Dave se frotte énergiquement chaque matin en prenant sa douche à l'eau froide avec une brosse très dure afin de bien faire circuler son sang. Il ne prend aucun médicament et ne fait pas confiance à la médecine traditionnelle. Son hygiène de vie repose également sur un régime alimentaire très strict à base de protéines végétales, et ce, depuis déjà six ans. « C'est ça qui m'aide à pédaler chaque jour pendant huit heures. »

J'ai constaté la somme de travail et d'argent qu'ils investissent tous les jours pour les plus démunis. Chaque matin, tous les deux préparent de la nourriture pour plus de 90 sans-abri. Leur détermination provient du besoin viscéral d'aider les plus défavorisés de notre société. « Faire du bien à autrui, c'est aussi se faire du bien à soi-même. Ce doit être à cause de cela que l'on me permet d'être encore en vie aujourd'hui ! »

Dave et Marie-Paulette démontrent une joie de vivre à toute épreuve... et des épreuves ils en ont vécu. Prison, drogue, Dave a connu les bas-fonds. « Toute ma vie, je suis passé au cash, confie-t-il. Je me souviens par exemple que lorsque j'avais trois ans, mon père lançait sur moi des chaudrons pour me punir. »

Dave est aujourd'hui un être transformé. « Ça a décollé pour moi quand j'ai su que j'allais mourir. » Ses graves problèmes de santé n'empêchent pas Dave de se déplacer. Ayant adapté un vélo couché, Dave parcourt à lui seul plus de 80 km par jour. Beau temps mauvais temps, il sillonne les rues de Montréal afin de distribuer les denrées amoureusement préparées. Sa mère effectue également cette « ronde de lait » solidaire en suivant un parcours différent. Pendant longtemps, Dave et Marie-Paulette n'avaient plus aucun contact. Depuis cinq ans, ils partagent le même appartement, mais surtout le même dévouement social.

Ex-directrice d'école, Marie-Paulette a aussi connu une vie tumultueuse. Maltraitée par son père lorsqu'elle était enfant, elle a aussi souffert de problèmes de santé. Affaiblie à cause de problèmes cardiaques – elle a subi une opération à cœur ouvert – Marie-Paulette a fait preuve d'une volonté hors du commun pour s'en sortir. Inspirée par la ténacité et la discipline de son fils, cette femme de 76 ans rayonne. Elle parcourt ainsi, à pied ou en vélo, plus de 20 km quotidiennement pour distribuer de la nourriture aux démunis de notre société.

## Tout vendre pour aider

Marie-Paulette et Dave ont décidé d'unir leurs efforts et leurs ressources financières à la cause des pauvres. Pour ce faire, Marie-Paulette, qui vivait dans le confort, a choisi de vendre ce qu'elle possédait. « J'ai eu la chance de tout perdre », dit-elle en arborant un large sourire. Ils distribuent beaucoup de chaleur humaine à ceux qu'ils rencontrent chaque jour. « Lorsqu'ils me voient en chaise roulante et que je leur parle de ma condition physique, les personnes qu'on aide réalisent qu'en demeurant positif on peut réussir à passer les épreuves de la vie, ajoute Dave candidement. Quand ils voient pire qu'eux, cela leur redonne du courage, c'est ça l'important ! »

Cependant, leurs économies ne sont pas éternelles et ces anges de la rue disposent de moyens très limités pour propager amour et nourriture. Marie-Paulette m'a fait part de son inquiétude de ne plus avoir les moyens financiers suffisants pour poursuivre leurs bonnes actions. Marie-Paulette et Dave sont des êtres exceptionnels, qui donnent véritablement un sens au mot « altruisme ».

---

Ce texte apparaît également dans *Point de vue d'un journaliste de rue* (2012), un ouvrage regroupant les textes publiés par Jean-Marc Boiteau dans *L'Itinéraire*. Il est consultable à la Grande Bibliothèque de Montréal.

# Dans la pénombre de mon cœur où, enfin, je dénonce

*Sylvie Desjardins*

Dans la pénombre de mon cœur, pleure encore la petite Sylvie de trois ans. La petite Sylvie de rien du tout qui a eu le cœur déchiré par un père incestueux et abusif. Maintenant, à l'âge de cinquante-et-un ans, quelquefois, je pleure encore de cette douleur qui est restée dans l'abîme de mon être. Je me suis approprié cette douleur et j'ai appris à vivre avec elle. Je ne veux pas pardonner à ce père qui, peut-être sans le vouloir, a tué une partie de mon enfance et de ma vie adulte. Pourquoi pardonner l'irréparable ? Si un étranger m'avait fait autant de mal, aurait-il fallu que je pardonne aussi ? Je ne crois pas.

Je n'ai pas réussi à dénoncer cet acte dégueulasse du vivant de mon père. J'ai été traitée de menteuse toute ma vie par lui. Je sais maintenant qu'il a fait ça pour se protéger au cas où je le signalerais. À sa mort, j'ai décidé d'ouvrir mon cœur à ma sœur et à ma mère et je l'ai regretté. Je ne m'attendais pas à leurs réponses. Premièrement, elles ne m'ont pas crue et, deuxièmement, ma mère m'a dit que ce n'était pas si dramatique que cela, car il ne m'avait pas pénétrée avec son pénis. Il me pénétrait avec des objets. J'ai été hospitalisée à l'hôpital Pasteur, aujourd'hui fermé, pendant trois mois à cause de la douleur causée quand j'allais à la toilette. J'étais paralysée des intestins. J'avais le bedon gros comme celui d'une femme enceinte de neuf mois. Déjà à cet âge, à trois ans, je voulais mourir. Aujourd'hui, j'ai décidé d'écrire ce mot pour dénoncer tous les abuseurs et pour dire qu'il faut en parler ; ça libère le cœur et l'âme. J'espère aussi que si un abuseur potentiel lit ce mot, il va penser au mal et à la destruction que cela peut faire. Ça peut mener à des problèmes de santé mentale.

Je ne veux pas attirer la pitié ; je veux surtout dire qu'on peut s'en sortir avec de la volonté et de l'amour. Il faut réapprendre à s'aimer et à se faire confiance. Ce n'est pas facile. Il n'y a pas très longtemps, je pensais encore que faire l'amour était malpropre. Je suis aujourd'hui encore très complexée face à mon corps. J'ai de la difficulté à me dévêtir devant un homme ainsi qu'à accepter des compliments. Je travaille très fort pour m'en sortir.

Pour le reste, j'ai presque repris confiance en moi, car je sais ce que je vaux. Je sais aussi ce que je veux et, surtout, ce que je ne veux pas. À cinquante-et-un ans, j'apprends à dire non et à prendre ma place. Je souffre depuis l'âge de vingt-sept ans de maladie bipolaire et de troubles limites de la personnalité, probablement causés en partie par cet abus. Je considère toutefois que je suis assez groundée et que je fonctionne très bien. J'ai les sentiments à la bonne place. J'ai aussi été abusée par ma mère, autrement.

Ma mère trompait mon père avec beaucoup d'hommes. J'ai une mémoire très présente de mon enfance. Je me souviens qu'à l'âge de trois ans, beaucoup d'hommes venaient voir ma mère chez nous. Je détestais ces hommes qui embrassaient ma mère devant moi. Je suis certaine que ma mère pensait que je ne voyais rien, que j'étais trop jeune pour comprendre. J'avais de la peine pour mon père malgré l'abus qu'il me faisait vivre. Elle a même trompé mon père avec son meilleur ami. J'avais peur que mon père arrive et les prenne sur le fait.

Après quelque temps, elle a décidé d'aller dans les motels et de m'amener avec elle. Il fallait que j'attende dans la chambre pendant qu'elle faisait l'amour avec ces hommes. J'étais très stressée. Même qu'à un certain moment, j'ai dit à mon père que je pensais que le mot « motel » était un gros mot. Je faisais du somnambulisme et de l'insomnie. J'ai eu une enfance dysfonctionnelle, mais ça aussi ça fait partie de moi, et ça a forgé la femme que je suis devenue et que j'aime. J'ai commencé à pardonner à ma mère, mais c'est assez difficile, car j'ai eu une altercation avec elle en 2008. Elle m'a battue et c'est après cela que je me suis retrouvée à la rue pendant huit mois. J'ai encore aujourd'hui peur de ma mère. La même peur que j'avais à l'âge de trois ans. Je travaille là-dessus aussi. Je crois que ça en vaut la peine. Je voudrais avoir une bonne relation mère-fille avant qu'elle ne parte vers un monde que je souhaite meilleur.

# Chambre à louer

*Jean-Guy Deslauriers*

Une jolie petite table à trois pattes que je parviens à stabiliser à l'aide d'un fil de fer. Système D ou ingéniosité, peu importe, pour autant que ça marche. Une belle petite chaise avec quelques barreaux manquants, un peu chambranlante, que je sécurise à l'aide d'un bon vieux morceau de *gaffer tape*. Une belle petite commode à trois tiroirs, meurtrie par une quantité alarmante de brûlures de cigarettes, pas trop accommodante et un peu timide avec ses tiroirs coincés sur lesquels je dois m'acharner pour avoir accès à mes bobettes et à mes T-shirts. Un frigo miniature, équipé d'un moteur V8 de type Nascar et un ridicule petit poêle, équipé de deux éléments, qui n'aime pas particulièrement participer à la préparation de mes repas.

L'hiver, c'est froid, et l'été, c'est chaud. Les murs ne sont pas à l'équerre, les tuiles sont tachées, craquelées, cassées et brûlées. Mais j'ai compris avec les années qu'il était possible de redonner du niveau au plancher simplement en consommant quelques bières. Mais attention ! Il y a des risques et des conséquences à trop consommer. « Et pour tout ça, monsieur, le prix est de 450 $ par mois et il faut payer ce montant le premier du mois sans faute, *sinon*... J'ai aussi un 12 pi sur 15 pi de disponible, mais celui-ci coûte 520 $ et les conditions sont les mêmes », osent nous proposer les trop nombreux propriétaires cupides !

Pour l'avoir vécu dans plusieurs maisons de chambres, tant à Montréal qu'ailleurs au Québec, ce scénario ne m'est pas du tout étranger. À la fin des années quatre-vingt, à la suite d'une rupture amoureuse, j'ai quitté un quatre et demie, une blonde dont j'étais amoureux et un petit garçon, pour me retrouver seul dans une chambre, au deuxième étage d'un petit hôtel de Sudbury.

Nous ne vivons pas en chambre parce que ça va bien ; la plupart d'entre nous traversent alors une période trouble. Voilà une occasion en or pour des propriétaires malhonnêtes et véreux de nous extorquer la plus grande partie de notre argent et de profiter au maximum de notre vulnérabilité. Certains nous proposent même de nous prêter de l'argent jusqu'au prochain chèque, mais là, attention aux intérêts !

La toxicomanie et l'alcoolisme y sont omniprésents. Les conséquences de ces habitudes de vie sur la santé psychologique et physique sont nombreuses et désastreuses. La chambre n'est pas l'endroit où l'on peut se reconstruire et retrouver un équilibre de vie, pourtant si nécessaire. C'est un peu comme vivre en enfer. Et pourtant. Où sont nos élus ? Que font-ils pour corriger cette situation alarmante ? Vous nous aidez au compte-gouttes ! C'est scandaleux ! C'est choquant ! C'est honteux ! Quelles sont vos excuses ? Trop occupés à trouver du financement pour la F1, à faire du *bien-paraître* à l'étranger ? *Let's look good.* Le jet privé atterrit sur la piste. Le comité d'accueil attend. Les journalistes sont prêts, caméras à la main.

Je trouve révoltant de constater le si peu d'un grand tout que vous avez accompli en matière de réglementations censées améliorer les conditions de vie dans les maisons de chambres, et forcer ces bons vieux proprios à se conformer à des balises clairement définies. Cela devrait faire partie des mandats prioritaires de nos élus. Il faut agir maintenant ! Pas dans dix ans. Il faut donner la chance à tous ceux qui veulent s'en sortir de pouvoir le faire dans des conditions de vie saines et justes, sans punaises, sans cafards et sans souris. Un peu de bonne volonté politique, mesdames, messieurs, et le tour est joué ! Il n'est pas utopique d'y croire.

# Six tranches de pain

*Diane*

C'est arrivé il y a 58 ans. Comme mon père était un buveur et un irres-ponsable, nous avons dû nous sauver en pleine nuit de Champlain. Nous sommes partis pour Montréal. Nos parents nous ont laissés dans un champ à Pointe-aux-Trembles pendant qu'ils cherchaient de l'ouvrage. J'avais six ans. Nous étions cinq enfants. Le plus vieux avait treize ans. Nous avons reçu six tranches de pain pour passer la journée, dont une que nous avons gardé pour maman. Pour boire, nous avions l'eau du ruisseau. On était en été.

On a passé une journée à cet endroit, puis nos parents sont revenus. Ma mère et moi sommes parties toutes les deux demander la charité dans un couvent. Nous sommes reparties main dans la main, sans avoir reçu quoi que ce soit.

On a marché et marché encore sur Sherbrooke et on a trouvé les Œuvres du Cardinal Léger. Il était 21 h et il faisait noir , je me souviens. Ils sont venus nous chercher. Je me suis assise à l'arrière d'une voiture beige et brune, comme celle du pape.

On nous a donné à manger. On a eu des chambres propres avec des draps en coton bien repassés. Pour des enfants, avoir à manger et être logés, c'était le paradis.

Nous sommes restés là le temps qu'ils nous trouvent une bienfaitrice. Elle nous a prêté une maison à Pont-Viau, sur le bord de l'eau. On a vécu dans la pauvreté. Il y a eu des moments où c'était correct, mais aussi des moments où c'était l'enfer.

Si quelqu'un frappe à ta porte et te demande de l'aide, donne-lui un verre d'eau. Partage quelque chose. Tout le monde devrait avoir à manger. Aujourd'hui, il faudrait qu'il y ait encore des foyers de charité. Je trouve que L'Itinéraire e n est un.

Nouvel An

# La guerre en direct

*Tuan Trieu-Hoang*

Quarante-deux ans se sont écoulés depuis mon départ du Vietnam. Un voyage qui, au départ, n'aurait dû prendre que six mois ! La nostalgie de mon pays d'origine ? Bien sûr que j'y pense quelquefois. Mais le voyage coûte très cher. On est au Québec et là-bas, c'est l'Asie !

Quand j'ai quitté le Vietnam en 1968, on était en pleine guerre. À l'époque, j'avais seize ans et j'aurais dû faire mon service militaire, mais les contacts de ma mère m'ont donné un sursis. Je savais qu'un jour ce serait mon tour de porter l'uniforme de soldat et d'aller me battre au front. Plusieurs de mes amis s'étaient déjà enrôlés et hélas, nombreux étaient revenus dans des cercueils. J'habitais Saigon (aujourd'hui Hô Chi Minh-Ville) avec mes grands-parents qui étaient fonctionnaires à la retraite. Un nombre incalculable d'Américains étaient là pour soi-disant « combattre le communisme ». C'était du moins ce qu'on leur avait dit. Février 1968 fut la dernière fois que j'ai fêté le Nouvel An dans mon pays. Et, ironie du sort, ce fut le Nouvel An le plus meurtrier. Profitant d'une trêve, alors que la plupart des soldats étaient en congé, les Viêt-congs ont lancé un raid contre Saigon. Alors que je m'attendais à vivre des moments de joie et de réjouissance parmi mes amis, ce fut plutôt la terreur et l'angoisse parmi les bombes et le bruit des mitraillettes.

À l'école, on nous avait appris que les Viêt-congs, les Nord-Vietnamiens, étaient les méchants. N'étant ni politicien ni militaire, je ne suis pas ici pour commenter les événements, ni écrire une page d'Histoire. Je décris simplement les événements tels que je les ai vécus. Le Viêt-cong était alors un Vietnamien comme moi. Il aurait pu être mon voisin, le chauffeur de taxi, le vendeur de journaux, le curé de l'église ou la serveuse du restaurant.

La maison de mes grands-parents se situait à quelques rues du palais présidentiel. On se préparait pour les fêtes du Nouvel An. Mais voilà, des rumeurs annonçant l'ennemi en ville s'avéraient fondées. J'étais alors loin de chez moi, dans un autre quartier de la ville, avec un ami ; je n'ai pas pu retourner à temps à la maison. Tandis que des patrouilles militaires sillonnaient les rues, des hélicoptères de l'armée parcouraient le ciel. En ville, les gens couraient et criaient, paniqués. C'était le chaos, qui allait s'amplifier de plus en plus pendant les jours de festivités du Nouvel An. Peur du Viêtcong ? Je l'ai peut-être déjà rencontré sans le savoir. Il pouvait être mon voisin. Peur de recevoir une balle perdue ? Je n'avais même pas le temps d'y penser.

Nous sommes allés nous réfugier chez un commerçant. Des gens nous rapportaient que des combats avaient lieu dans tel ou tel quartier de la ville, souvent à quelques rues d'où nous étions. Des soldats disputaient un coin de rue à un ennemi presque invisible. Pour tout vous confier, je vivais une guerre en direct plutôt qu'un moment de kermesse. Du fond de mon abri, j'ai vu un soldat lancer une grenade, et ça a fait un gros « boum ! » de l'autre côté du mur. C'était à la fois spectaculaire et terrifiant ! Dans ma cachette, j'ai pensé à ma famille qui devait se faire du souci pour moi pendant que je m'inquiétais pour eux. Malgré les bombes et le vacarme des mitraillettes, je célébrai le Nouvel An avec un ami infortuné à mes côtés. Mon compagnon s'est mis à pleurer et à prier en s'imaginant que sa famille avait été faite prisonnière des Viêt-congs. Mais on était en pleine zone de guerre et on ne pouvait pas quitter notre refuge. Des ambulanciers venaient ramasser les morts et les blessés à leurs risques et périls.

J'aurais dû rester à la maison, mais personne n'avait pu prévoir que les Viêt-congs allaient nous attaquer en plein Nouvel An ! Je me disais que le Viêt-cong, Vietnamien comme moi, devait aussi fêter le Nouvel An. Personne n'aurait cru qu'une tradition millénaire en aurait pris ainsi pour son compte. Des sirènes hurlaient partout en ville. Le bruit des hélicoptères était omniprésent. La ville était en guerre, une guerre qui durait déjà depuis plusieurs années.

Mon ami et moi sommes restés cachés dans notre trou pendant les trois jours du Nouvel An. Trois journées entières dans la terreur des bruits de mitraillettes, de grenades et de sirènes ; la célébration avait laissé place aux atrocités de la guerre. Des soldats sont venus nous chercher pour nous ramener à la maison. Ma famille et celle de mon ami étaient saines et sauves. Les fêtes du Nouvel An étaient terminées et les Viêt-congs n'ont pas pu conquérir Saigon comme ils l'avaient prévu. Mais ce Nouvel An de 1968, je m'en souviendrai longtemps. Un Nouvel An qui aura probablement marqué un tournant de l'Histoire de mon pays et changé ma destinée pour toujours.

# Mon amie Céline

*Sylvie Desjardins*

J'avais 11 ans et elle, 14. Personne ne voulait l'approcher, car elle bavait un peu et son nez coulait souvent. Elle marchait en claudiquant. Elle était grassette et plutôt gauche. Elle était ma meilleure amie. Céline était une petite *mongole*, comme on disait dans le temps, le mot trisomique n'étant pas tellement connu.

Elle était pleine d'amour et d'affection, sans retenue, comme un petit enfant. Elle aimait inconditionnellement. Comme j'ai toujours eu l'instinct maternel, même à 11 ans, elle était comme ma petite fille. Je lui essuyais le visage quand elle mangeait du chocolat et qu'elle en avait partout. Je la faisais se regarder dans le miroir et elle riait comme si elle avait vu un clown. J'avais hâte au matin pour aller jouer avec elle.

Une bonne journée, Céline jouait du piano quand je suis arrivée chez elle. Une vraie virtuose. Elle jouait une pièce classique. C'était magnifique. Sa mère m'a dit qu'elle n'avait jamais pris de cours, qu'elle avait un don. Probablement un don du petit Jésus. Ma belle Céline, comme je l'aimais.

Les enfants de mon quartier la fuyaient comme la peste en criant qu'elle était un monstre. Je ne les comprenais pas. Je savais qu'elle était différente, mais ça m'était égal. La mère de Céline était tellement contente qu'elle se soit fait une amie. Elle m'invitait souvent chez elle pour manger. Je l'ai même accompagnée à son chalet avec sa famille pendant deux semaines. Le paradis sur Terre !

Un jour, je suis allée chez elle dans l'intention de l'inviter pour mon anniversaire. Sa mère m'a dit qu'elle était partie au paradis avec les anges. J'ai eu tellement de peine, j'avais perdu ma meilleure amie. Ma Céline. Elle avait 15 ans.

Ma Céline, je pense souvent à elle, même après toutes ces années. J'ai décidé d'écrire ce texte après avoir lu un article de Jérôme Savary, superviseur de la rédaction au magazine *L'Itinéraire*, sur les enfants trisomiques. J'ai eu plusieurs discussions avec des gens qui ont dit que lorsque le test pour dépister la trisomie chez un bébé à naître est positif, leur mère devrait se faire avorter. Quelle honte ! Un génocide pur et simple. Je pense que cela est aussi grave que le racisme. C'est de l'ignorance. C'est tout simplement ne pas connaître, ne pas savoir. Ces enfants sont purs et sans méchanceté et vivent le moment présent. Ils sont tout simplement différents. Nous devrions peut-être apprendre d'eux. Je ne suis pas contre l'avortement, mais pour une cause semblable, je trouve cela assez effrayant.

Avant de travailler à L'Itinéraire, j'ai suivi un programme d'insertion sociale dans un centre de jour pour les handicapés intellectuels qui accueillait plusieurs trisomiques. J'y ai retrouvé plusieurs petites Célines, hommes et femmes. J'ai remarqué qu'ils étaient tous comme elle, pleins d'amour et d'affection. Ce centre de jour était comme une garderie pour adultes pour stimuler cette clientèle différente, mais ô combien attachante et tellement ravie d'être là. Ils passaient toute la journée à faire des activités variées. Plusieurs demeuraient dans des centres spécialisés, car leurs parents n'avaient pas la capacité de prendre soin d'eux.

Si j'avais l'argent nécessaire, j'ouvrirais un centre pour trisomiques. Car s'il fallait mettre de côté toutes les personnes différentes, il y aurait beaucoup d'absents. Étant moi-même bipolaire, je ne serais pas ici. Les dépressifs, les dépendants affectifs, les bègues, les handicapés physiques, les non-voyants, les malentendants, les alcooliques et les toxicomanes : tous ces gens ne seraient plus là non plus. La vie serait à mon avis bien ennuyeuse sans eux, qui nous en apprennent tellement.

Merci, Céline, de m'avoir ouvert le cœur.

# Dans mon petit lit

*Linda Pelletier*

Je suis couchée dans ma chambre. Je suis chanceuse, comme dit Papa, d'avoir une chambre à moi toute seule, étant la seule fille de la famille. Maman nous a abandonnés et mes petits frères partagent une grande chambre. En un sens, je les envie quand je les entends rire et parler en cachette. Mais d'un autre côté, ils se font chicaner plus souvent. Papa vient toujours vérifier si on n'est pas en train de faire quelque chose de mal, parce que, comme il dit quinze fois par jour les bras en l'air : « Qu'est-ce que j'ai fait au bon Dieu pour mériter des enfants pareils ! »

Il avait l'air enragé, car mon père, même s'il disait des phrases qui appelaient la compassion, n'en voulait pas. La pitié, c'était bon pour les faibles.

Il le jurait à Dieu, on plierait ou on casserait. J'ai longtemps cru dans mon orgueil aussi démesuré que le sien que je ne plierais, ni ne casserais. Et quand il prenait un deux par quatre pour finir ce que ses mains endolories avaient commencé, pas un son ne sortait de moi. Je serrais les dents, le corps plié en boule. J'apprenais à contrôler mon corps. Il aurait pu me battre jusqu'au lendemain, pas une plainte ne serait sortie de ma bouche. Je me disais : le roseau plie, mais ne rompt pas. Moi, je suis un chêne et j'aime mieux mourir foudroyée que de lui donner le plaisir de m'avoir cassée.

Par la suite, je devais m'asseoir sur le rebord extérieur de ma cuisse, alors il me disait : « Cesse de jouer à l'enfant martyr ! Assieds-toi comme du monde, hypocrite. » Là, j'obtempérais, mais je l'aurais mordu comme un chien enragé.

Le soir dans mon petit lit, je m'entourais de toutes mes poupées. Je n'avais presque plus de place pour moi, mais elles me faisaient du bien. Je rêvais de me sauver de la maison. Le jour, je faisais des plans avec mon amie Diane : à minuit on se rencontrerait au pont Lefebvre et on marcherait jusqu'à la prairie. Le plan s'arrêtait là, car ni l'une ni l'autre ne savait ce qu'il fallait faire après. Mais la nuit venait et toujours, elle me trouvait endormie.

Tout à coup, je me réveillais en sursaut. Le souffle coupé, les pouces rentrés dans mes poings, tapie dans mon lit, les yeux fermés très fort pour montrer que je dormais, j'attendais. Pendant une éternité, il se tenait là, sans entrer, mais je savais ce qui m'attendait. Doucement, il fermait la porte et venait à pas de loup vers moi ; brutalement, il rentrait sa main dans la culotte de mon pyjama. Il enfouissait ma tête dans l'oreiller et me fouillait entre les jambes. D'une voix changée, comme rouillée, il disait : « Tu fais exprès cochonne, tu me fais commettre de gros péchés et c'est toi la coupable, tu m'attires, tu aimes ça et Papa tombe dans ton piège. »

J'étais affolée. Je savais que je méritais toutes les punitions du monde. J'étais, comme disait mon père, une salope. Mon père disait que je le faisais damner, mais que c'est moi qui irais en enfer, parce que je le provoquais à longueur de journée. Me forçant à remonter sa fermeture éclair, immanquablement, je touchais le gluant. Il disait : « Papa t'aime, tu sais, en m'embrassant tendrement. Papa t'aime très fort. »

# Être pauvre

*Sylvie Desjardins*

Être pauvre, c'est quand après avoir payé ton loyer, il te reste environ 200 $ par mois pour vivre. Je pourrais dire que je suis démunie, mais ce que j'ai par année est moins que le seuil de pauvreté, alors moi j'appelle ça être pauvre.

Être pauvre, c'est ne pas manger ce que tu veux, car ce que tu aimes est trop coûteux. C'est courir les banques alimentaires qui, cette année, sont aussi démunies que toi. C'est manger des maudites lentilles car t'as besoin de protéines et que ça satisfait ton estomac pour assez longtemps et que ce n'est pas cher. C'est aussi aller sur ton point de vente, le nouveau marché Saint-Jacques, et ne pouvoir rien acheter dans les boutiques spécialisées. C'est saliver à l'odeur qui se dégage de ce même beau marché.

Être pauvre, c'est te promener dans le Village sur la rue Sainte-Catherine et regarder les menus des restaurants affichant ce que tu ne peux pas te payer, car le prix d'un seul plat est à peu près le même qu'une semaine d'épicerie.

Être pauvre, c'est dire adieu à la vie culturelle, car ça aussi, c'est trop cher.

Être pauvre, c'est dire à ceux qui te le demandent que ça va très bien, quand ce n'est pas le cas. C'est – et ce n'est pas des farces – se promener dans les rues de ton quartier les jours de récupération et regarder dans les sacs de déchets pour voir ce que les gens qui ont de l'argent achètent de bon et les envier.

Être pauvre, c'est laver ton linge à la main, car il t'en coûterait 10 $ par semaine pour aller à la buanderie et c'est trop cher pour ton budget. C'est économiser sur l'électricité et le chauffage pour ne pas défoncer ce même budget. C'est mettre de la laine d'acier sur tes antennes de télévision parce que tu n'as pas d'argent pour te payer le service de câblodistribution. C'est faire le tri dans tes factures mensuelles pour savoir laquelle tu paieras en premier.

Être pauvre à cause d'un divorce et d'une profonde dépression, c'est dire non à toute possibilité de retour au travail, car tu te fais dire par le gouvernement que tu es inapte au travail.

Être pauvre, c'est réaliser que l'argent fait le bonheur.

Être pauvre quand t'as déjà eu de l'argent, c'est encore plus difficile, car tu as connu beaucoup mieux. Il te faut repenser ta manière de vivre au complet. C'est faire une croix sur tout ce que tu aimais. Quand j'y pense quelquefois, je me dis que je ne me souciais pas de la valeur de l'argent. J'ai, avec mon ex-mari, déjà dépensé plus de 200 $ dans un restaurant de Toronto. Ça se peut-tu ? Je me souviens que quand nous sommes sortis sur le trottoir, il faisait très froid et il y avait un itinérant couché sur une bouche d'air chaud. J'ai pris 100 $ de mon sac à main et l'ai mis dans sa poche. Mon mari disait qu'il avait juste à aller travailler et qu'il s'achèterait de la boisson avec l'argent. Je l'ai fait quand même et je ne l'ai jamais regretté.

Jamais je n'aurais pensé me retrouver moi-même un jour sans domicile. Ça peut arriver à n'importe qui. J'ai rencontré des femmes dans des centres d'hébergement qui venaient de milieux très riches qui se sont retrouvées à la rue. C'est comme recevoir un coup de couteau au cœur.

Enfin, être pauvre, pour moi, c'est avoir honte.

# Ananas

*Pierre Saint-Amour*

Théâtral et rondouillard, Hannibal Felteau-Dupras traversa la salle du Café avec la légèreté aérienne d'une moissonneuse-batteuse. Parvenu au comptoir, il me toisa, l'œil torve, du haut de ses deux mètres, leva le bras droit en me désignant du doigt et dit d'un ton menaçant :

« Aubergiste, j'ai faim ! Surtout n'ajoutez rien, car votre babil lancinant m'insupporte à un degré qui dépasse l'entendement universel. Je vous hais, monsieur. Et je vous hais parce que j'ai faim. Mais, avant de vous occire, il me semble loyal de vous avertir : j'ai un ami. Quoi, vous souriez ? Ah, vous pouvez bien en rire, déplorable pitre, vous qui n'en avez pas ! Sachez que votre nature profondément haïssable en est la cause, et vous n'être qu'un caca. Fin de la parenthèse, alinéa. Je disais donc que cet ami – dont je tairai le nom pour ne pas engendrer l'épouvante – m'a affirmé qu'on pouvait se sustenter dans votre sinistre bouiboui, moyennant quelques écus et un minimum de patience. Que me suggérez-vous ? »

J'étouffai un bâillement et répondis avec tout le laconisme qui me caractérise :

« Des œufs. »

C'était plus qu'il n'en pouvait supporter. Il ferma les yeux et recula de trois pas en portant la main à son cœur. Sa respiration saccadée, audible dans tout le canton, n'augurait rien de bon.

« Des œufs ? Ai-je bien entendu, au travers de vos éructations maladives, cette intimation divine dégoulinante de cholestérol ? Des œufs, vous être sûr ? C'est qu'il l'a dit, l'infâme. Je n'ai pas rêvé. Des œufs, palsambleu ! Des œufs ! Ma faim, qui ne pourrait en aucune façon prétendre à l'ampleur de votre nigauderie, n'en est pas moins préoccupante. J'en perds presque mon latin. Allons, reprends-toi, Hannibal, tout espoir n'est pas perdu. *Sapiens nihil affirmat quod non probet.* Tu vois, ça te revient lentement. Ce n'est pas demain la veille que l'on pourra prendre ta mémoire titanesque en défaut. Car tu te souviens de tout, mon bon Hannibal. D'absolument tout. Et ton talent demeure intemporel. Ton interprétation du *Cid*, pour ne citer qu'un exemple, aurait fait saliver d'envie les Villar, les Dullin et autres Pitoëff : « Rodrigue, as-tu des œufs ? - Nulle autre que ma poule l'éprouverait sur l'heure. »

Je jugeai bon d'intervenir :

« Tournés, les œufs, ou au miroir ? »

Il me crucifia du regard :

« J'aimerais que vous me les fissiez enrobés de leur lymphe. Inutile de préciser, je l'espère, que votre vie en dépend.

— Inutile, en effet. »

En langage hannibalien, « enrobés de leur lymphe » signifie : légèrement tournés. Je m'appliquai donc de mon mieux, car je savais que la moindre erreur (un œuf trop cuit ou, pire encore, un jaune crevé) m'aurait valu une tirade qu'une pudeur légitime m'interdit de qualifier. Le résultat dépassa mes espérances, et Hannibal fut content :

« Mais, mais, mais, mais, c'est que tout ça m'a l'air pas mauvais du tout. Les œufs semblent cuits à point, les toasts dégagent un arôme à la description desquels les madeleines de Proust seraient reléguées au rang de pâtisserie insignifiante et l'abondance de ces cubes de patates rissolées comblerait d'aise l'illustre Pantagruel, lui-même docte fils de Gargantua et petit-fils de Grandgousier, nés de la plume sublime du légendaire Alcofribas Nasier. Marmiton, je retire mes paroles ! Vous fûtes un conquérant de la plaque redoutable et les hordes d'Attila eussent reculé d'effroi devant votre... »

Je l'interrompis à nouveau :

« Un café avec ça ?

— S'il vous plaît. »

. . .

Être au service de la clientèle exige certes de l'abnégation, mais également une bonne dose d'humour. On l'a ou on ne l'a pas. Derrière mon comptoir, je suis, jour après jour, le témoin privilégié de la grande aventure humaine – sublime ou misérable – et j'avoue que cela me fascine. La verbosité de sieur Hannibal constitue en soi un cas intéressant (on l'aura deviné), mais pas davantage que celui de cette dame qui, récemment, m'a demandé le plus sérieusement du monde si mon « beurre de pinottes » contenait des arachides. Comme elle n'avait pas de dents, je compris qu'elle voulait savoir, en réalité, si mon « beurre de pinottes » était croquant ou crémeux. Les mots sont une façade qui masque notre réalité intérieure. L'important, c'est de savoir les décoder.

. . .

Je revins au bercail chargé de provisions. Nancy, la ténébreuse inspiratrice de mes pensées friponnes, m'accueillit avec son aménité naturelle :

« J'ai faim ! Qu'est-ce qu'on mange ?

— De la salade de fruits. Mais il faut l'apprêter.

— Pas de problème. Aboule les oranges. »

Pendant que nous nous affairions à la préparation de notre collation fruitée, Nancy aperçut un ananas qui trônait sur la table. Elle s'en saisit et l'examina avec un air étrange. Au bout d'un long moment, elle n'y tint plus :

« Mon chéri, est-ce que je dois laver l'ananas ? »

Je la regardai avec un réel intérêt. Je réalisai subitement que pour Nancy, ma poulette cosmique, un ananas, ça poussait en conserve dans les arbres et que ça se retrouvait, comme par enchantement, sur la pizza hawaïenne et le jambon à la cassonade. Notre réalité personnelle diffère toujours de celle de notre voisin. Je lui répondis : « Oui, mon amour. Mais, surtout, lave bien les feuilles : c'est plein de pesticides. »

# Y'en a marre des pauvres

## *Quapryce Basque*

Inévitablement, fidèle à mes bonnes habitudes, je suis de retour au Benelux. J'ai dû me sauver d'Hochelaga à cause d'une ex-blonde complètement hystérique et de l'atmosphère de dépression monétaire qui y règne constamment, pour revenir sur l'incontesté Plateau, lieu jovial où les itinérants sont en minorité, Dieu merci !

Je ne veux pas tomber dans le *quêteux-bashing*, mais, sérieusement, ils me tombent sur les nerfs avec leur discours redondant de pitié et exagérant à quel point leur vie est dure. O.-K., j'avoue qu'ils donnent un bon show. Non mais, regardez cette bande de Sol qui se la coulent douce dans les parcs de Montréal, en train de boire de la bière avec les économies des personnes honnêtes qui gagnent leur vie à la sueur de leur front pour se mériter le droit de chialer sur la société, à tel point qu'ils en oublient même de voter.

Je comprends que les Sol ne peuvent pas travailler, parce qu'ils ne savent pas écrire et n'ont nulle part où coucher. Non mais, il y a une limite à faire pitié par-dessus pitié. Je sais que c'est culturel de s'apitoyer sur notre sort, mais quand même, c'est pas la job de l'État et encore moins des honnêtes citoyens de les prendre en charge, de les laver, de leur brosser les dents puis de leur donner de l'argent et un appartement, sans oublier de les parfumer un peu pour qu'ils puissent avoir une job. Il y a une limite à se faire extorquer !

Attendez, je viens de comprendre la supercherie : les itinérants ont adopté le modèle de l'église le dimanche, en l'appliquant à chaque jour. Comment cela a-t-il pu me passer sous le nez ? De un, ils me cachent le paysage. De deux, qu'on vienne me demander avec une haleine de cheval trois dollars pour un café, et mon esprit critique se réveille. Tu ne veux pas un café, tu veux du crack ! Puis, il y a ceux qui se disent honnêtes avec leur pancarte sur laquelle on peut lire « c'est pour du smack » : félicitations, c'est comme ça que tu vas sortir de la rue et revenir sur le marché du travail ! Remarque, si on se fie aux inspecteurs qui ont fait le rapport sur l'autoroute Ville-Marie, ils prennent quand même n'importe qui, alors t'as ta chance !

Je pense avoir dans ces dernières lignes bien illustré le point de vue retardé de tous ces stupides citadins montréalais qui discriminent ces gens dans le besoin sans se poser de question pertinente sur le fléau de l'itinérance. Je me demande pourquoi on ferme les yeux si rapidement sur quelque chose qui pourrait nous arriver. Le discours nombriliste associant les drogues dures et les problèmes mentaux aux itinérants m'énerve autant que la voix d'Annie Brocoli, à 8 h du matin, à Radio-Canada. Je sais que c'est la pensée populaire, mais ça représente seulement une petite portion des itinérants. En passant, c'est l'exclusion sociale qui crée ces besoins autodestructeurs et c'est elle qui met en branle l'engrenage narcotique.

Alors, dites-moi, est-ce que c'est dans la mesure du possible qu'on arrête de dire des conneries et qu'on commence à prendre du temps pour faire sentir à nos petits Sol d'amour qu'ils sont des humains comme nous et non des vidanges sociétaires ?

# Abeilles

## *Pierre Saint-Amour*

J'avais 23 ans. J'étais beau, en santé et prêt à relever tous les défis. Je me sentais libre d'aller au gré du vent, de réussir là où d'autres avaient échoué et je n'envisageais aucun obstacle capable de me résister. J'étais en outre tombé depuis peu sous le joug d'une jeune femme qui exerçait sur moi une véritable fascination, une attirance invincible contre l'influence de laquelle je m'avouais totalement impuissant. Crépusculaire comme l'engoulevent, émouvante comme les ciels incendiés de la brunante, Isabelle m'avait drossé jusqu'à sa rive dans un périple qui allait durer sept longues années. Aujourd'hui encore, quand je repense au passé, elle évoque pour moi la tombée de la nuit. Une nuit de grand sommeil qui vous laisse, au réveil, frileux et désemparé.

· · ·

Malgré les appels répétés de notre entourage nous incitant à la prudence, nous avions décidé, Isabelle et moi, d'unir nos destinées après seulement deux mois de fréquentation. Le temps – ou la vie – nous donna évidemment raison : nous filions les caps et le parfait bonheur avec l'insolence de la jeunesse, sans nous soucier outre mesure des écueils qui affleuraient le long de notre parcours.

Cette année-là, je m'en souviens, l'hiver avait été d'une rigueur inhabituelle. Avec les premières chaleurs printanières, porteuses de renouveau, nous sortîmes d'une confortable torpeur amoureuse pour nous consacrer à l'élaboration de divers projets. Un voyage aux Îles-de-la-Madeleine, prévu pour le mois d'août, fut planifié dans un charmant petit restaurant de la rue Saint-Denis pendant que nous dégustions une copieuse assiettée de moules marinières. Isabelle, au récit de l'odyssée madelinienne que j'anticipais déjà, exultait. Moi aussi, d'ailleurs. J'ignorais alors qu'au cours de ce voyage j'allais devoir affronter – et vaincre – une créature fabuleuse tapie dans les abysses de mon inconscient, et élucider ce qui, pour moi, constituait un des grands mystères de l'existence : ma peur des abeilles.

. . .

Cette peur qui me hantait depuis des temps immémoriaux, je la traînais comme un boulet. Si j'en méconnaissais les causes, j'en subissais toutefois les désastreux effets. Il me suffisait d'entendre le bourdonnement d'une abeille pour que la panique s'empare de moi littéralement. Déboussolé, je perdais le nord et tout sens de la mesure, et me réfugiais, pantelant, dans le giron de ma mère, qui devait user de toute sa force de persuasion pour me rassurer. Parvenu à l'âge adulte, même émancipé de ma mère, je n'avais guère progressé dans la voie de la guérison. Mes amis, qui avaient relevé mes troubles de comportement, en attribuaient l'origine au caractère instable de ma personnalité fantasque. Je me gardais bien de les contredire, convaincu qu'ils avaient tort.

. . .

Vers 21 h, notre navire, qui avait appareillé à Montréal, mouilla dans le port de Havre-Aubert en pleine tempête estivale. Harassés, ballottés par les bourrasques chargées d'embrun, nous franchîmes à bicyclette la distance – énorme, nous avait-il paru – qui nous séparait de la maisonnette que nous avions louée pour la durée de notre séjour. Sans prendre le temps de défaire nos bagages, nous nous allongeâmes dans le lit de la plus grande des deux chambres et succombâmes au sommeil instantanément.

. . .

Je me levai à l'aurore en prenant soin de ne pas réveiller Isabelle, qui allait dormir, je le savais, jusqu'à tard dans la matinée. Impatient de découvrir mon nouvel environnement, je m'introduisis dans le salon pour écarter les rideaux de cretonne qui tamisaient la lumière. Le spectacle qui s'offrit à ma vue était d'une saisissante beauté. La maison où nous logions avait été construite sur un tertre sablonneux à une centaine de pieds de l'océan. De petites vagues, soulevées par une brise légère, moutonnaient au large ou venaient se briser mollement sur la plage pendant qu'une multitude d'oiseaux de mer sillonnaient le ciel. Animé par une soudaine félicité, j'ouvris toutes les fenêtres de la maison, qui fut envahie par le bruissement diffus de l'activité océane. Après un copieux petit-déjeuner, j'enfourchai mon vélo pour aller à la rencontre de mon destin.

. . .

Le chemin vicinal que j'avais emprunté se singularisait par son absence quasi complète de maisons ou d'arbres. Une flore maritime qui épousait les formes les plus variées, un sol argileux d'un bel ocre foncé, un air salin d'une incomparable pureté – que pourrais-je en dire ? Sinon que tout concourait à cet instant à faire naître en moi un fort sentiment de déracinement. J'avais parcouru quelques kilomètres lorsque j'aperçus, masqué par les méandres de la route, un sentier de terre battue qui, je le supposai, devait aboutir à la partie septentrionale de l'île. Je m'y engageai au petit bonheur, au risque d'être obligé de faire demi-tour si la voie devenait subitement impraticable.

Je roulais depuis peut-être dix minutes quand je vis se profiler, au loin, des dunes d'une hauteur impressionnante. J'accélérai la cadence, car je me voyais déjà en train de fendre à la brasse les eaux glaciales du golfe. Soudain, vaporisé dans une nouvelle dimension de l'univers, je me retrouvai subitement, inexplicablement, à l'intérieur d'un nuage d'abeilles, comme s'il avait émané directement du rayonnement de mon âme. Je freinai brusquement. Une terreur indicible s'empara de moi. Les abeilles – j'estimais leur nombre à une centaine – décrivaient autour de moi, dans un vrombissement surnaturel, des cercles concentriques de plus en plus rapprochés au niveau de mon visage. Bien qu'elles me frôlassent, elles évitaient scrupuleusement de me toucher. J'étais totalement dépassé par la situation. Sans réfléchir, dans une vaine tentative pour anéantir les envahisseuses, je me saisis de ma serviette de plage et fis des moulinets, ce qui était assurément une très mauvaise idée. Nullement impressionnées par ma riposte, les abeilles s'écartaient au passage du linge insignifiant pour revenir en force à l'endroit où elles se trouvaient une fraction de seconde auparavant. Je voulais hurler, mais j'en étais incapable. Je m'agrippai à mon guidon et, motivé par une extraordinaire bouffée d'adrénaline, je rebroussai chemin à un train d'enfer. Les abeilles décidèrent de me convoyer. La tactique adoptée par la redoutable escadrille d'insectes, quoique simple, était d'une remarquable efficacité. Et tant que je constituais une menace potentielle envers l'intégrité du nid, j'allais devoir endurer la présence de l'essaim, qui m'escorterait avec vigilance en territoire neutre. Longtemps après, le temps que dure l'éternité, le nuage se scinda en deux, et les abeilles disparurent aussi rapidement qu'elles étaient apparues.

. . .

Mon cœur battait la chamade. Isabelle dormait. Assis dans le sable humide, à l'arrière de la maison, j'observais un crabe immobile qui semblait se demander ce qu'il faisait là. Comme moi. Malgré la drôle de mine qu'il arborait, je l'enviais de ne pas avoir peur des abeilles. Si j'étais recouvert de chitine, comme lui, moi non plus je n'aurais pas peur. Blindé, je serais. Invulnérable. Je fermai les yeux. J'entendais encore les abeilles bourdonner dans ma tête. C'était un beau matin d'été. Un matin tout pareil à celui où…

. . .

…j'ai quatre ans. Il y a mon père, ma mère, ma sœur et moi, à bord de la Chevrolet familiale, sur une route de campagne. Pendant que mon père conduit, ma mère est aux aguets, car les voyages en automobile l'indisposent. Par pure méchanceté, périodiquement, il appuie à fond sur l'accélérateur pour mettre à l'épreuve son endurance. Mon père est un habile conducteur. Je suis assis sur la banquette arrière, à gauche de ma sœur, qui lit une bande dessinée. Un vent humide et chaud, annonciateur d'orage, s'engouffre dans l'habitacle. Soudain, je sursaute d'étonnement. Un caillou, soulevé par une automobile venant en sens inverse, percute mon front. Je ne ressens pas de douleur significative : juste un picotement ténu. Ma sœur dépose son album sur la banquette et se met à hurler : « Là, là, il y a une abeille ! » Mon regard suit le doigt qu'elle pointe en direction du sol. Alors je vois l'abeille, qui n'est pas un caillou. Elle gît sur le dos, visiblement sonnée, mais ses pattes s'agitent frénétiquement. Les cris de ma mère s'ajoutent au concert de ma sœur : « Paul, il y a une abeille dans l'auto ! » Tout le monde crie, mais moi je ne crie pas. Je suis figé. J'entends rugir la voix puissante de mon père : « Tue-la ! Tue-la ! » Je ne peux pas. Je ne peux pas parce que je porte des babouches. Si j'écrase l'abeille, son aiguillon va transpercer ma sandale de caoutchouc et me *piquer. J'ai peur. L'abeille est là, entre mes jambes trop courtes pour atteindre le plancher. C'est à ce moment que l'abeille en profite pour reprendre ses esprits. Elle effectue une demi-rotation sur elle-même et se retrouve sur le ventre. Elle s'ébroue un peu, fait vibrer ses ailes pour s'assurer que tout est en place, puis s'envole en tournoyant. Ma mère et ma sœur hurlent en duo. Mon père, en rinforzando, scande son antienne : « Tue-la ! Tue-la ! » L'abeille, incapable de résister aux rafales de vent, est refoulée vers la lunette arrière. Au prix d'une manœuvre dangereuse, mon père se gare sur l'accotement. Nous nous retrouvons tous les quatre, pitoyables, debout au bord de la route. Je serre la main de ma mère en regardant mon père. Je sais qu'il a peur, lui aussi. J'éclate en sanglots. Ma mère me serre dans ses bras, mais ça ne suffit pas. Parce que j'entends encore la voix de mon père : « Tue-la ! Tue-la! » Et c'est pire qu'une piqûre d'abeille. Je ne suis pas à la hauteur.*

. . .

Nancy déposa sur la table de la cuisine le brouillon du texte où étaient consignés ces souvenirs. Elle me demanda :

« Et qu'est-ce qui s'est passé par la suite ?

— Rien. Mais depuis mon voyage aux Îles-de-la-Madeleine, au cours duquel je me suis rappelé cet épisode de mon enfance, je n'ai plus jamais eu peur des abeilles.

— C'est une curieuse histoire quand on y pense.

— Une histoire qui aurait pu m'empoisonner l'existence pour le restant de mes jours.

— En effet. »

Nancy, qui jouait souvent au Scrabble en solitaire, manipula d'un air songeur des jetons éparpillés sur la table. Elle dit :

« Je suppose que ça devait se produire ainsi d'une manière ou d'une autre…

— Que veux-tu dire ?

— Que ça ne pouvait pas se passer autrement. C'était ton karma. Isabelle a cheminé dans ta vie à ce moment précis *parce que* tu avais peur des abeilles. *Toutte est dans toutte*, mon beau.

— Je ne te suis pas.

— Regarde bien. »

Nancy fit un tri parmi ses jetons de Scrabble et aligna ceux qu'elle avait choisis sur une des planchettes leur servant de soutien. Le mot : A-B-E-I-L-L-E-S apparut.

« Tu commences à comprendre ?

— Non.

— Regarde encore. »

Elle déplaça les mêmes lettres sur la planchette et un nouveau mot se forma : I-S-A-B-E-L-L-E. Je regardai Nancy. Elle avait raison. *Toutte est dans toutte.*

# L'ouragan

## *Franck Lambert*

Le dictionnaire décrit un ouragan comme étant une « forte tempête caractérisée par un vent très violent dont la vitesse dépasse 120 km à l'heure, et spécialement par un vent cyclonal ». « Ouragan » est synonyme de « cyclone », « tornade », « typhon », « bourrasque », « tourmente ». Mais je préfère la définition figurée de l'ouragan : « Mouvement violent, impétueux ». On définit ainsi des personnes qui déplacent de l'air partout où elles passent. Elles dérangent bien du monde, peu importe la situation. Et la perturbation risque de choquer l'entourage. Je suis de cette catégorie de gens qui dérangent. Eh oui, je suis un ouragan moi-même ! On se demande bien en quoi, diront les gens. Quelques explications s'imposent pour ceux qui ne me connaissent pas.

Je viens d'une famille de six enfants. Je suis l'avant-dernier. Ce n'était pas évident pour moi d'avoir l'attention de tout le monde, surtout de mes parents. Je faisais n'importe quoi pour me faire remarquer. J'ignorais comment être à la bonne place, au bon moment. Quel désespoir pour un gars comme moi ! Je demandais seulement un minimum d'attention pour avancer dans ma vie, mais je n'en obtenais pas. J'ai grandi dans cet univers de manque d'attention et d'amour. Moins on m'en donnait, plus j'en demandais. J'étais, et je suis encore, un éternel insatisfait dans mes demandes d'attention de la part de mes congénères à deux pattes. Ce besoin d'attention a eu des répercussions partout où je passais, que ce soit à l'école, au travail ou même dans ma propre famille.

Certains de mes anciens enseignants ont pris le temps nécessaire pour tenter de comprendre mes besoins d'attention. Je me souviens de ne pas avoir effectué mes travaux scolaires pour qu'on s'occupe de moi. Et le contraire est tout aussi vrai. Je m'arrangeais pour exceller dans certaines matières scolaires afin d'obtenir encore l'attention convoitée. Et ça marchait : je suscitais une certaine considération de la part de mes profs. J'étais même considéré, à l'occasion, comme le chouchou. Comme une médaille a deux côtés, j'étais aussi le bouc émissaire des autres élèves. J'ignorais, à l'époque, que j'avais un grand besoin d'attention sans trop savoir comment demander.

Le même principe s'est étendu dans l'ensemble de ma vie adulte. Aujourd'hui encore, peu importent les lieux où je me trouve, j'essaie souvent d'attirer l'attention des gens qui m'entourent. J'en ai tellement manqué que je tente de rattraper le temps perdu. La conséquence est que les gens mettent des limites pour éviter que j'aille trop loin dans mes demandes. Le hic est que je veux seulement remplir mon vide intérieur. Tel un loup affamé, je rôde sans cesse afin de me nourrir et de remplir mon estomac affectif. Ce n'est pas en me faisant jeter des os que je pourrai être satisfait pleinement. J'ai besoin de viande plus consistante afin d'être repu de satisfaction et de plénitude. Mon insatiable manque affectif serait ainsi comblé.

En supposant que je sois bien rempli, côté affectif, il y a bien des chances que j'en demanderais moins avec le temps. J'ai du rattrapage accéléré à effectuer, car je risque d'exploser à tout moment. Je demande seulement que mes pairs puissent m'aider à remplir mon vide affectif. Cette collaboration aura plus d'impact dans mes relations émotives et affectives. Je ne veux point rester dans cet état de manque toute ma vie restante. Mon ouragan intérieur est tellement intense ! Je déplace beaucoup d'air depuis si longtemps ! Je veux seulement que cette tempête finisse prochainement afin de retrouver un peu de calme intérieur. Je veux profiter de repos et m'asseoir sur ma plage ensoleillée. Je serai ainsi moins tourmenté par ces tracas affectifs et je pourrai avancer dans mon cheminement existentiel. La stabilité émotive sera atteinte et mon for intérieur s'adoucira. De là, l'expression du calme après la tempête. J'ai hâte que cela se produise. Je lance ma demande en l'air ! Et je prie pour que mon souhait soit exaucé pleinement. Amen.

# Overdose d'amour

## *Linda Pelletier*

Les mains fourrées dans les poches de mon jean, le cœur à l'étroit, je traverse la passerelle du pont à pied, rapidement. Je vois sans voir cette vapeur froide qui monte du fleuve. Le soleil se lève et il m'indiffère. J'ai mal. Je cherche à m'enfuir de toi, mais je reviens sans cesse, aimantée, même si j'ai peur d'en crever.

Amour passion, passion douloureuse, douleur tortueuse. Pourtant, je te vois tel que tu es : enjôleur, préoccupé de toi uniquement. Mais j'ai rêvé, j'ai décollé et je ne sais plus atterrir. Encore, je vais à toi. Je joue à tes jeux, sur la défensive. Je me dis que je ne te reverrai plus, tout en m'imaginant des scénarios où tu t'invites chez moi. Durant ces heures, je polis de belles phrases de rupture, tout en comptant les minutes qui me séparent de toi.

Je me donne d'une façon insensée. Je ne veux pas de la sagesse. Je n'ai pas envie de calculer, de me méfier, de m'épargner. Prends tout ce que tu veux et éparpille les restes. Comment jouerais-je à la femme forte ? Je me languis de toi, je me fous de moi, je te veux, toi. Or, je ne t'aime pas. Je suis amoureuse de l'image que tu agites sous mes yeux. Je suis lucide et tout de même folle. Je ne te dirai jamais ces pensées. Je te laisserai croire que tu me dupes, mais je serai dupée tout de même. Je croirai tes mensonges, tout en sachant que tu mens. Et comment m'éloigner de toi quand mes soupirs n'expirent que de toi ?

J'ai de l'amour une expérience de souffrance. Toutes mes amours furent de malheureuses passions. Une possession de mes sens, de mon âme et de mon esprit ; puis, la dégringolade au bas de la falaise.

**Note de l'auteur**

Somme toute, la dépendance affective ressemble étonnamment à la toxicomanie. Comme une toxicomane, je sais que je vais me faire du mal, mais je plonge quand même. Je sais que je vais me meurtrir, mais je m'illusionne. Juste lui, au prochain, je ferai attention. Je suis en manque : je ne mange plus, je ne dors plus, je n'arrive plus à lire, je respire mal. J'ai fait de lui le centre de mes pensées, tout en n'espérant rien de bon de ce nouvel amour. Je serai trahie, rejetée, j'additionnerai un autre échec à ma liste, sauf que pour le moment, ça ne pèse rien dans la balance.

Ce qui importe, c'est l'exaltation de mon cœur et de mes sens. Je me sens vivante. C'est maintenant qui est important. Pourtant, je souffre de ces instants paradoxaux, alors que je flotte dans cet espoir effervescent d'une nouvelle histoire qui pourrait être différente, et la certitude que bientôt j'en verrai la fin. Je suis comme une junkie torturée à l'idée que son pusher pourrait manquer de dope.

Autrefois, j'avais l'excuse de l'inconscience. J'étais une pauvre victime qui tombait toujours sur le mauvais garçon. Aujourd'hui, je vois clair dans mon jeu, mais je joue quand même. Pourquoi ? Je n'en sais rien. C'est peut-être le confort de l'habitude, même si c'est souffrant. Je suis peut-être dans une période transitoire. Peut-être un jour saurai-je dire non à ceux qui me grignotent, me grugent lentement, avec mon approbation. Pour le moment, je confonds tout : amour, passion, sexualité, tendresse. Car je me suis rendu compte, au fil des années, que c'est ça que je cherche : de la tendresse.

Des passions que j'ai vécues, seuls les noms et les lieux ont changé. Dans ma bouche, je garde un goût de fiel, moi qui rêvais tant de miel.

# Une surprise agréable

*Gisèle Nadeau*

Mon mari et moi faisions le ménage chez une grande dame, une profes-sionnelle importante habitant sur le Plateau Mont-Royal. Elle me demandait souvent pourquoi nous n'irions pas faire le ménage chez elle l'après-midi plutôt que l'avant-midi. Je lui répondais à chaque fois : « Nous aimerions bien vous accommoder, mais cela nous est impossible, car nous faisons un autre genre de travail qui convient plus à nos âges et c'est important pour nous. »

Après trois ou quatre demandes, j'ai accepté de lui avouer le genre de travail que nous faisions dans l'après-midi. Ce que je n'osais pas lui dire, car j'avais réellement peur qu'elle ait des préjugés. Je lui ai dit : « Nous vendons la revue *L'Itinéraire* et nous aimons vraiment cela. » Elle m'a regardée et elle m'a dit : « Vous êtes devenus itinérants ? » J'ai répondu : « Non ! Nous sommes à faible revenu, dû à notre âge, car nous ne pouvons plus travailler dur physi-quement comme avant. » Elle m'a révélé qu'elle-même était abonnée à la revue *L'Itinéraire*. Elle m'a dit : « C'est tout à votre honneur que de travailler pour cet organisme et je vous encourage très fortement à vendre ce journal de rue, car c'est pour une grande cause que vous le faites. » Cela a augmenté en moi les bons sentiments que j'avais envers elle.

Ce fut aussi pour moi une belle surprise et tout un soulagement de voir qu'elle n'avait aucun préjugé. Cela me démontre en même temps que nous ne devons pas avoir de faux jugements sur quelqu'un. Je remercie très sincè-rement cette cliente et tous mes clients en tant que camelot.

# Disparaître

*Pierre Saint-Amour*

Au fond, je n'aurai jamais, tout au long de ma vie, poursuivi qu'un seul but : disparaître. Je n'étais encore qu'un minot lorsque j'ai entendu mon père me dire pour la première fois : « Pourquoi ? Pourquoi es-tu ? » Je l'ai alors regardé sans comprendre. Comme il me semblait étrange et sombre, mon père, dans ces moments-là. Moi, je ne me posais jamais ce genre de question. La vie allait de soi. J'avais peur ou j'étais confiant. J'avais faim ou j'étais rassasié. J'avais soif ou pas. J'avais froid ou chaud. J'avais mal ou j'étais bien. C'est tout. Vivre était simple. Pour moi. Pas pour mon père. J'aurais aimé lui venir en aide. Dans la mesure de mes moyens, bien sûr. Encore fallait-il comprendre le sens de sa question. Pour-quoi es-tu. Décidément, c'était du chinois. Et ça l'est resté longtemps. Jusqu'à ce que j'ajoute un mot. Le mot « présent ». En ajoutant ce mot, tout est devenu limpide, intelligible. Les tourments de mon père résultaient du fait que j'étais présent. Voilà. J'avais compris. Je suis donc allé me cacher dans la garde-robe pour lui faire plaisir. Puis, dans la baignoire de la salle de bain. Une autre fois, dans la sécheuse. Ça dépendait des fois. L'important, c'était d'être ailleurs, de n'être pas *là*. Je le faisais pour lui. Parce que je l'aimais.

Parfois, il m'arrivait de l'entendre pleurer. Mais, le plus souvent, il était en colère. Dans les deux cas, je me disais : « C'est à cause de moi. » Et je m'en voulais terriblement. J'aurais tant souhaité m'effacer davantage. Me dissoudre comme un comprimé dans un verre d'eau. Mais c'était impossible. Alors je retournais me cacher. En restant caché, c'est comme si j'accordais un répit au chagrin. Mais arrivait un moment où je devais sortir de ma cachette. Parce que caché, on n'existe pas. On est en suspension. Hors du temps. Et j'avais bien du mal à contenir la vie qui coulait en moi.

· · ·

J'avais trouvé une nouvelle cachette formidable : le congélateur du sous-sol. Je savais intuitivement que mon père était dans un de ses mauvais jours. Je me suis donc enfermé dans le congélateur, pendant qu'il faisait les cent pas au salon. Au bout de quelques minutes, j'ai commencé à avoir froid. Très froid. Alors je me suis dit que ma cachette n'était peut-être pas aussi bonne que je l'avais cru. Elle l'était d'autant moins que le congélateur familial était pourvu d'une porte à clenche, très simple à ouvrir de l'extérieur, mais impossible de l'intérieur. J'étais prisonnier. Et j'avais un peu peur du noir. Je me suis mis à hurler de toutes mes forces en frappant la porte de mes poings. Longtemps. Brusquement, la porte s'est ouverte. Mon père, le visage penché au-dessus de moi, semblait complètement affolé. Il m'a pris dans ses bras pour me sortir du congélateur.

« Qu'est-ce que tu faisais là, mon p'tit baptême ? qu'il m'a demandé, la voix changée.

— Je me cachais. »

Après, il m'a embrassé dans le cou en me serrant contre lui pour me réchauffer. Je n'avais plus peur. Lui, si. En tout cas, j'étais dans les bras de mon père. Il sentait un peu la sueur et j'aimais ça. J'aurais voulu que cet instant ne finisse jamais. Mais il a fini. Comme le reste. Mon père m'a déposé par terre. « Tu sais ce que je pense ? qu'il m'a dit. Je pense que tu es légèrement niaiseux. » Il me caressait les cheveux. J'étais content. D'être niaiseux.

. . .

Faire croire à quelqu'un qu'on est niaiseux n'est pas aussi simple qu'on pourrait l'imaginer. Par exemple, je savais lire avant d'aller à l'école. À l'insu de mon père. C'est ma sœur qui m'avait montré. À cause des bandes dessinées. Ma préférée, c'était Tintin. Celle de ma sœur aussi. Quand elle ouvrait un album, je m'assoyais à côté d'elle et je regardais les images. Ça l'agaçait parce que j'insistais pour qu'elle me traduise les phylactères. Elle était un peu maîtresse d'école, ma sœur. Alors elle s'est mise en tête de m'apprendre. Elle m'expliquait chaque mot. Et je retenais tout. Il y avait des mots difficiles. Comme le mot « bachi-bouzouk ». J'en ignorais le sens, mais ça n'avait pas d'importance. On l'employait quand on était fâché.

Généralement, quand ma sœur était à l'école, je m'ennuyais. J'allais chercher mes albums de Tintin et je lisais. Je lisais également d'autres bandes dessinées. Ainsi, je me régalais des aventures de Tarzan, publiées en épisodes dans le journal La Patrie. Tintin me servait alors d'étalon. Les mots que j'avais appris dans *Le lotus bleu* ou *Tintin en Amérique*, c'étaient les mêmes que dans *Tarzan*. Il suffisait de les agencer comme dans un puzzle. Mais dans *Tintin*, il y en avait plus. L'autre raison pour laquelle j'admirais Tarzan, c'était parce qu'il savait parler aux éléphants. Tintin aussi le savait. Il le fait dans *Les cigares du pharaon*. Moi, je ne savais pas. Mais j'avais, par contre, quelque chose en commun avec les éléphants que n'aurait pas, je pense, désavoué Tarzan : la mémoire.

. . .

Comme ma sœur, j'ai dû me résoudre à faire mon entrée à l'école. Durant les premières années, j'ai maintenu une vitesse de croisière qui me classait au-dessous de la moyenne du groupe. C'était parfait. Je ne voulais surtout pas forcer la note, car mon père aurait pu avoir des soupçons. En quatrième année, j'ai failli tout faire foirer. J'ai rapporté à la maison un bulletin absolument désastreux. En examinant mes piètres résultats, mon père s'est mis en colère. Je ne comprenais pas sa réaction. Il aurait pourtant dû être content : mes notes lui prouvaient noir sur blanc que j'étais niaiseux. J'ai donc élaboré une stratégie différente. Le mois suivant, j'ai remis à mon père mon nouveau bulletin. Il l'a lu et relu. Là, c'était lui qui ne comprenait pas. J'étais premier de classe dans toutes les matières.

. . .

Ce qui l'avait convaincu, c'était le test. Le fameux test. Des types du ministère de l'Éducation avaient eu la brillante idée d'évaluer les capacités intellectuelles de chaque élève de la province. Ça faisait sérieux et responsable. Quand j'ai subi le test, je jubilais. Personne n'en reviendrait, assurément. Pas même mon père. J'avais entièrement raison. Des semaines plus tard, mes parents ont été convoqués par le directeur de l'école. Le directeur leur expliqua sans ménagement que le contenu de mon cerveau donnait une idée assez juste du vide absolu. C'était d'autant plus curieux qu'aucun de mes professeurs ne s'en était rendu compte après tant d'années passées avec moi. La vie nous réserve souvent de ces petites surprises, n'est-il pas vrai ?

Mon père était enchanté. Il triomphait auprès de ma mère, qui n'arrivait pas à le croire.

. . .

Un beau matin, mon père a déserté le foyer familial sans prévenir personne. Je ne l'ai jamais revu. Il avait trouvé une excellente cachette.

# Le mouton noir

## *Pierrette*

Dans une famille, on désigne parfois un des enfants comme étant le mouton noir. Il est perçu comme celui qui défie l'autorité familiale. Une famille est un système avec ses règles et façons de faire qui lui sont propres. Lorsqu'un de ses membres va à l'encontre de cela, le clan met alors tout en branle pour colmater les brèches perpétrées au système, en s'unissant contre lui et en le désignant comme la cause du problème. Le mouton noir ce n'est pas seulement celui qui pose des actes délinquants, celui qui consomme des drogues ou de l'alcool. Ça peut être celui qui dénonce des abus physiques ou sexuels ou simplement celui qui est différent. Il est rejeté parce qu'il n'est pas homogène aux membres qui entretiennent le système toujours dans le même sens. Par exemple, une victime d'agression sexuelle dans la famille sera de nouveau victimisée en dénonçant alors que les autres ferment les yeux sur ces actes. Le silence sur les abus permet l'homogénéité du système. Les autres membres ne veulent pas être rejetés ou, pour X raisons, ne pas perdre l'amour ou autres privilèges que la dissimulation peut leur apporter. Plutôt que de s'interroger, de se remettre en question, le système a tendance à rester fermé, et à blâmer cet être différent qui, par ses comportements et opinions, bouscule l'équilibre familial. On ne se soucie pas que ce mouton noir vivra de grandes blessures qui le marqueront à jamais. Souvent un enfant mouton noir peut être celui qui est le plus sain du système, parce qu'il réagit à des problèmes du milieu, au lieu de seulement les subir.

# Le paradis selon Freud

*Robert Ménard*

Vous êtes-vous déjà demandé d'où vient et de quoi est fait le bonheur ? Il m'est arrivé souvent d'avoir logiquement tout ce qu'il fallait et de ressentir une douleur existentielle, de n'avoir rien du tout et de ressentir la plénitude. D'où vient cette douleur ?

Cette recherche du bonheur est peut-être due à un paradis qu'on a tous déjà connu. L'amour inconditionnel, un danger inexistant et une santé (pour la plupart) parfaite se côtoyaient lorsque nous étions dans le ventre de notre mère. Cette osmose, d'où l'on a été chassé, cause un manque qu'on essaie de combler dans divers abus : la drogue, l'alcool, la nourriture, etc. Le problème consiste à recréer cet état par la diversité et la modération. Ou sinon, se laisser miroiter un paradis promis lorsque cessera cette douleur de vivre. Je dis douleur, car celle-ci a entraîné beaucoup de gens dans le suicide.

Peut-être que la solution se trouve dans l'acceptation que le passé ne nous appartient plus. Il en est de même pour le futur. L'important, c'est de savourer le bonheur lorsqu'il est présent et d'en profiter pour recharger nos batteries.

# Bref essoufflement

## Gilles Leblanc

13 avril 2013. Osias ressent une hallucinante douleur lui transpercer le cœur. Sa respiration est comme la mèche du bâton de dynamite qui raccourcit en brûlant. Pris au dépourvu, il compose le 911. Cinq minutes plus tard, les pompiers débarquent, suivis de peu par les ambulanciers. Bien que lucide, l'organe vital de son thorax flanche en catastrophe.

Cet *homo introvertus*, éreinté par la dure réalité de son parcours sur Terre, voit sombrer avec brutalité son instinct de survie, dernier rempart contre l'adversité. L'incontournable pensée de sa propre mort le terrorise depuis son enfance. Rien de nouveau sous le soleil, tout être doit un jour composer avec cette inconnue. La vie reprend son investissement.

Notre personnage n'a que quelques instants pour se résigner et faire la paix avec lui-même. Le véhicule de transport prioritaire s'achemine. Osias se console avec le souvenir des paroles de la chanson *Ma vie c'est d'la marde*. Le cardiaque conserve son humour. Il passe devant tout le monde au triage. Comme d'habitude, il juge le personnel de l'urgence. Qu'importe la croyance populaire à ce sujet, ils lui sauvent la vie. Ils sont patients, en dépit du fait que leurs clients n'acceptent pas toujours de l'être.

Le contexte médical de notre héros le bouscule dans son quotidien. Son hospitalisation en cardiologie s'étire, déjà trois semaines en stand-by. Son attitude de victime nuit à la conscientisation d'autre chose que sa peur pathologique du vide. Rien à faire, la seule justice sur cette Terre est que l'on meurt tous un jour. L'affirmation de sa mère est-elle pertinente ?

Il est contraint de lutter contre sa colère indicible. Son hostilité se comprime dans son abdomen. Il s'efforce de dévoiler sa vulnérabilité. Son entourage (amis, collègues, famille), il le voit tels des gens qui fuient à la simple idée de la mort. Osias estime que cela leur est nécessaire.

Malgré les apparences, il est responsable de sa colère. La jalousie et l'envie le hantent. Ses idées et sa vision en sont la cause. Isolé et replié sur lui-même, il ne peut qu'idéaliser les autres et se comparer à eux. À ses yeux, aucun de ses amis croyants ne semble inquiet de quitter ce monde connu. Cela explique en partie sa culpabilité vis-à-vis de son manque de foi face à la vie après la mort. Seul comme ça… tu crèves !

Des docteurs de différentes spécialités médicales s'appliquent à expertiser la rareté du cas de notre rôle principal. Le cœur, le cerveau, le ventre et les poumons sont testés maintes fois. Diagnostic : une des valves du cœur a flanché sous les assauts répétés d'une endocardite (infection). Dans 99,9 % des cas, le corps est dans la boîte qui repose au frais six pieds sous terre. Autre scénario évité, un minime morceau de la tumeur valvulaire se détache et va se loger dans le cerveau. Notre homme claque subitement. Que penser d'un miracle ?

Avec les années, il devient sédentaire, semblable aux fondations du Stade olympique. L'individu est protégé par une génétique cardiovasculaire quasi invulnérable. L'endocardite à l'origine de l'infarctus le surprend donc grandement. Monsieur Grosse-Bedaine doit prendre soin de sa personne, surtout de la nouvelle valve de cheval que lui a transplantée au cœur le chirurgien chevronné.

Il ne ressent jamais avec tant de proximité la saine présence de son créateur, qui devient son principal interlocuteur. Même si son éducation catholique, héritage paternel, lui suggère le célèbre « que ta volonté soit faite », il choisit de clamer : « Plein le cul d'avoir peur de vivre ! »

# Vingt ans pour *L'Itinéraire*,
# six pour moi

*Luc Tanguay*

Ça ne fait pas vingt ans que je vends *L'Itinéraire*, mais quand même un bon six ans, et je suis tellement satisfait de ma clientèle et de ce qu'elle m'apporte, que je vais probablement fêter mes vingt ans comme camelot un jour. La vente du journal m'a en plus permis de renouer des liens avec ma famille que je n'avais pas vue depuis vingt ans. C'est grâce à mes mots de camelot que ma sœur, ayant entendu dire que je vendais le magazine, a consulté le site de l'organisme et a découvert ma photo et l'endroit où je travaillais. Elle est donc venue me voir au marché Maisonneuve. Depuis ce temps, elle passe me saluer au moins une fois par année quand elle quitte son Abitibi natale pour venir à Montréal. Je suis aussi allé une semaine chez mes parents il y a trois ans, grâce à elle. Ainsi, sans L'Itinéraire, je n'aurais jamais revu ma famille et je l'en remercie.

# Souvenirs, souvenirs

*Manon Fortier*

Quand je pense à ma mère, des souvenirs d'enfance reviennent. Un des premiers est celui où je pleurais dans ses bras. Elle m'a assise au bord de la table. Mon père lui a dit : « Fais attention à elle. » Ma mère a répondu : « Regarde, elle rit. » Moi j'avais entendu : « A r'garde. » J'avais moins de deux ans. Aussitôt, elle a dit que je pensais au sexe. Elle a continué à le dire chaque fois que je disais « a r'garde », et ça pendant toute sa vie.

Elle me maltraitait psychologiquement et physiquement. Après m'avoir donné une raclée, en me tenant les jambes, elle me donnait des coups de ceinture, puis m'envoyait dans ma chambre. Ensuite, elle me réveillait vers minuit pour me donner de la pizza qu'elle avait commandée. Puisqu'elle avait les moyens, ça fonctionnait aux cadeaux.

Ma mère me tapait parfois aussi avec un morceau de bois avec un clou. J'ai des cicatrices dans le dos et dans mon cœur. Je ne pouvais pas en parler devant les services sociaux sinon j'étais fessée encore plus. Ma mère avait déjà un dossier au palais de justice, même si elle était infirmière. Certains de ses enfants étaient placés.

### L'amour dans tout ça

Elle était ambivalente, elle avait un côté noir et un côté blanc. Elle me réveillait aussi pour écouter le festival d'Elvis Presley vers 23 h. Je ne voulais pas le manquer. Une fois, je n'ai pas voulu me réveiller, je l'ai manqué et j'ai pleuré.

Même si ma mère me maltraitait, elle me protégeait d'un autre côté. Par exemple, étant gauchère, j'écrivais de la main gauche et à l'école Saint-Jacques, on me tapait avec une règle à cause de ça. J'avais de la peine. Ma mère a été à l'école et s'est fâchée. J'ai aimé cela. Maintenant je marche sur le côté droit de la vie, tout en étant gauchère !

Une autre fois, j'avais neuf ans, j'étais dans ma chambre. Il y avait un homme derrière moi, pour moi c'était comme le diable. Je me suis mise à courir jusqu'à la chambre de ma mère qui était allongée sur le lit. À ce moment, elle a sorti sa carabine et l'a pointée sur l'homme barbu, puis vers moi. Ensuite, elle a lancé la carabine et m'a prise dans ses bras. C'est à ce moment que j'ai ressenti ce que c'est que l'amour.

Notre relation s'est terminée quand un de mes oncles a tué ma mère. Il donnait des coups de poing dans son estomac, elle est décédée devant moi. Je suis fière d'avoir appelé la police à ce moment-là, ce qui a permis que mon oncle soit arrêté, pris sur le fait. Deux policiers bons samaritains m'ont emmenée avec eux et m'ont mise en famille d'accueil pour me protéger. Grâce au bon boulot de ces policiers, j'ai pu vivre autrement. C'était au début de l'adolescence.

## La survie

Le harcèlement est souvent dissimulé habilement, qu'il soit physique ou psychologique. Il se nourrit de notre sécurité. Il a pour seul but de nous déposséder de notre identité et de notre dignité. C'est un des dommages de la maltraitance. Je sais qui je suis et je sais qui ils sont, ces gens qui aiment malmener : il y en a partout.

Je ne voulais pas ressembler à ma mère. Que ce soit l'intimidation, la violence, les mots méchants, les voies de fait, je n'étais pas destinée à les recevoir. C'est la façon dont nous gérons notre fragilité qui détermine nos points forts et nos points faibles. Il est impossible d'être à l'abri, mais grâce à des cours d'autodéfense, j'ai pu trouver une certaine confiance.

Quand la personne en qui vous avez le plus foi s'en prend à vous, elle détruit votre confiance. Mais j'ai espoir de pouvoir de nouveau faire confiance.

# Je suis unique,
# la vie m'a rendue ainsi

*Nancy Boucher*

Je suis une règle d'arithmétique sans solution. Je suis pleinement homme, pleinement femme. Quand j'aime, j'aime de façon sacrificielle. Il n'y a ni hauteur, ni largeur, ni profondeur, qui peuvent décrire à quel point je vous aime. J'ai la capacité de comprendre la douleur des hommes et des femmes, ce qui fait de moi un intercesseur expérimenté, tel un aigle repérant ses ennemis pour les détruire.

Qui suis-je ? Quelle réponse donner à cette question qui effleure vos pensées lorsque vous me regardez ? Je vous dis, je suis un homme à l'extérieur. J'ai la capacité de rester de marbre pour anéantir tous les ennemis qui vous entourent, mais je n'ai point l'orgueil de l'homme : j'ai la douceur de la femme. Je suis la mère, celle qui s'assure que tout va bien, la protectrice, comme le roi David qui court pour arracher la brebis de la gueule du loup. Celui qui laisse les 99 de côté pour aller chercher la brebis égarée.

Je suis tendre, amoureuse, car j'aime chaque être humain sans jugement, peu importe d'où il vient. J'ai des poussées d'allégresse lorsque je me trouve en votre présence. J'ai le goût de danser de joie lorsque je vois vos réussites personnelles. Je suis un diamant brut à l'état pur, une perle, un lys des vallées, une colombe porteuse de paix. J'ai décidé de porter ma croix même si elle est en train de me tuer, me mettre à mort, à cause de la douleur que je dois supporter jusqu'à la fin, et cela même si elle me fait suer des grumeaux de sang. Je ne veux pas que vous preniez ma place. Cela risquerait de causer votre perte. Je veux seulement la grâce divine pour chacune de vos vies. Je suis née pour cela, donner ma vie pour mes amis. Il n'y a pas de plus grand Amour. Cela s'appelle l'« amour agape ». C'est un grand festin de mets succulents.

Je rêve du jour où j'entendrai résonner ma sonnette juste pour vivre un « cœur-à-cœur », un face-à-face avec chacune et chacun de vous. Je donnerais ma vie sans compter jusqu'à ce que vous compreniez combien vous êtes aimés par Papa Céleste. Je vous attends, vous la prunelle de mes yeux, vous êtes les bien-aimés de l'éternel. Vous direz en vous, d'un regard perplexe : « Est-elle bi ou homosexuelle ? » Je ne suis ni l'une ni l'autre. Ce ne sont que des termes humains pour décrire ma complexité. Je suis née avec les deux sexes, mais je suis totalement femme.

L'amour rend aveugle, cela est vrai, car mon amour couvre vos comportements déplacés. Par contre, les joies que j'éprouve en votre présence sont beaucoup plus grandes. Plus vite j'accepterai que je suis morte, plus vite je pourrai fonctionner comme une guerrière au combat et tout cela dans un seul but : vous ramener sain et sauf à la maison. Jésus a dit : « Je m'en vais vous préparer une place là-haut, afin que là où je suis, vous y soyez. » Mon nom vient de l'hébreu et veut dire « la grâce de Dieu ». C'est mon nom originel. Le caractère de mon Roi est en moi humilité et douceur. Votre camelot à votre service avec amour. Vous avez toute mon attention. *I love you*. Cantique des cantiques.

# Rétablissement

## *Mario Alberto Reyes Zamora*

Commencé avec les amis
Ça m'a apporté quelques ennuis
Au début c'était joyeux
Plus tard j'étais malheureux
Pour apaiser mes maux
J'essayais quelque chose de nouveau
Avec le temps j'ai fait un bilan
La facture était salée
J'ai manqué des opportunités
Ma vie d'avant différente de maintenant
Je dois penser au futur
Même si parfois c'est trop dur
Où j'aurais pu être
Je n'y pense pas pour être honnête
Je dois voir droit devant
Laisser de côté les nombreux contretemps
Le passé ne doit pas être oublié
Mais plutôt analysé pour mieux avancer

# Planter

## *Josée Cardinal*

Sanguine, charbon,
Fêlure de soif,
Troupeaux en fuite,
Sable lézardé,
Compétitions vaines et féroces,
Ruines cuites,
Puissances enfouies de règnes dérisoires.

S'abîmer dans la sève ancestrale de ses veines.
Sonder les plis de la Terre, ses résidus d'effroi.
Ranger, ronger, gratter de ses griffes fossiles l'impermanence du pays,
Percer, inonder de sa semence les guerres intestines.
Agir, inlassable, sans encouragement,
Sur une graine gonflée d'éternités tranquilles.
S'égarer dans l'énigme des réflexes,
Doucement, sans plan,
Quand cèdent les peaux tannées.

Vents aqueux,
Onde commune,
Chênes de chair,
Quiétude d'arbre.

S'effriter, accompli.
Du torrent, sourdre,
Hélice vrillant le ventre chaud des humus,
Des essences ligneuses,
Dans le labeur secret du néant.

# Merci à Réjean et Stéphane

*Lorraine Sylvain*

Je n'achète pas souvent de la nourriture, et parfois ma réserve de cartes-repas est épuisée. Pourtant, je suis assez rondelette, et bien portante. Si je vais visiter mes enfants, ils me donnent de bons petits plats à rapporter chez moi. Je déjeune à L'Itinéraire, et de nombreux clients se font un plaisir de m'offrir des fruits ou toute autre gâterie. À Noël, j'ai même reçu des cartes-cadeaux pour aller manger au restaurant.

Mais il y a des jours de malchance où je vends si peu de revues que je passe mon deux (ou quatre) heures à rééquilibrer mon budget dans ma tête et à réviser mes priorités. La semaine passée fut particulièrement éprouvante à cet effet. Ironiquement, trois matins de suite, c'est un homme qui couche dans la rue qui est venu me porter son déjeuner. Il n'en avait pas besoin pour lui-même. Depuis seize mois que je le connais, j'ai été témoin de plusieurs mésaventures qui lui sont arrivées. Pour n'en citer qu'une, il s'est fait arroser à quatre heures du matin, dans les grands froids de l'hiver et alors qu'il dormait dans une entrée, par un concierge zélé qui lui a déversé une chaudière d'eau additionnée de Javel. Sa couverture était détrempée, et les métros ne sont pas encore ouverts à cette heure-là. Il avait avec lui sa jeune femme enceinte. Cette femme est morte, à présent, non pas d'avoir été arrosée, mais de misère accumulée.

Et le soir, il y a un autre mendiant qui m'a apporté son souper. Il ne pouvait pas le manger. Celui-là est plus riche : il lui restait, à ce moment-là, 17 $ d'économies. C'est un homme qui est très aimé, comme j'ai pu le constater pendant les trente-sept jours où il est disparu pendant l'hiver. Tout le monde venait me demander de ses nouvelles. Nous avions peur qu'il ne soit décédé. Mais soudain, il est réapparu : il sortait de l'hôpital. La dernière fois que nous l'avions vu, un usager du métro lui avait asséné un coup de pied en plein visage, parce qu'il n'obtempérait pas assez vite à ses ordres. Il a eu une vertèbre cervicale de fêlée, et il porte encore une orthèse à ce jour. Si la vertèbre adjacente avait été atteinte, il serait resté paralysé.

Ces gens me nourrissent quand je n'ai rien. Tous mes clients de L'*Itinéraire* contribuent à ce que je puisse payer mon loyer, mon transport en métro, mon téléphone, mon lait, mon lavage… Et les centaines d'autres passants qui ont d'autres priorités dans leur vie souffrent aussi parfois d'insécurité financière, car la situation économique est difficile et ne semble pas aller en s'améliorant dans l'immédiat. Tout le monde a des proches qui perdent leur emploi ou qui n'arrivent plus à honorer leurs obligations financières.

Chacun juge de la manière la plus appropriée de distribuer ses largesses, mais je suis certaine qu'il existe beaucoup d'entraide.

Merci, Réjean et Stéphane, il semble que ce soit moi, votre prochain.

# La vie est une joke, alors j'suis un joker

*Siou*

J'suis né d'un accident
J'ai jamais osé montrer les dents
Je sifflote un peu
Pour traverser l'quotidien
Et au beau milieu d'la rue
On m'coupe le sifflette
Et au milieu d'nulle part
Pus capab' de marcher drette
Étourdi aux klaxons d'une ville
Tout devient vaudeville

La vie est une joke, alors j'suis un joker !

Côté jour, côté jardin
J'entends des rires en canne
Sur mes drames qui se trament
La tête tout à l'envers
J'me balance sans filet
Le regard dans l'vide
Le trapèze tout de travers
À trente pieds d'in z'airs
La répartie comique se complique

La vie est une joke, alors j'suis un joker !

J'respire par le nez
Le nez rouge flash
D'un gros clown débile
Qui se fait volubile
Alors j'craque mes doigts
Les p'tits enfants ont peur de moi
Ça m'fait du bien, j'existe enfin
Et s'éclate en moi
Le gros rire gras
D'un père Noël hors-la-loi

La vie est une joke, alors j'suis un joker !

# Ruelle

*Josée Cardinal*

Sur le béton le carton palpite,
L'encre suinte des journaux.

Un plaisir de ruelle
Injecte dans la routine
Une euphorie de cul-de-sac.
Les désirs figent
Dans la douleur d'un instant éternel,
Le fixe.
L'allégresse maussade du camé frôle
Le dédain hilare du badaud…

# Les fissures dans l'espace

## *Lorraine Sylvain*

Au fil des ans, beaucoup de personnages ont attiré mon attention sur divers phénomènes, matériels ou immatériels. Une vieille femme en fauteuil roulant, rencontrée alors que je travaillais en milieu hospitalier, a, plus que bien d'autres, changé ma vie. Alors que les patients dans sa condition vivaient des heures maussades – légitimement, je dois en convenir – elle avait ce charme, lorsqu'à deux nous nous approchions d'elle pour la mobiliser, de tendre les bras vers nous, de projeter l'extase de son âme dans l'expression de son visage, et de s'écrier : « On va danser ! » Pour elle, le simple pivot que nous lui faisions exécuter pour l'installer sur une chaise d'aisance, c'était une danse. J'avais 40 ans, et j'ai désiré être cette femme dans ma vieillesse, afin de n'avoir pas vécu en vain.

Elle m'a fait voir les innombrables fissures dans l'espace, à travers lesquelles on peut passer les doigts, et accéder à la poésie, en permanence, en abondance, et à volonté. À mesure que les années se déroulent, que les fardeaux s'accumulent, que la trame de ma vie se transforme en points de suspension là où la mémoire et le raisonnement s'effritent, je reviens naturellement à cette leçon, et je danse lorsque je vous vois, les si beaux humains qui marchent, un pied au sol, l'autre dans l'air, symboles de la raison et de la liberté, qui vous animent intimement à chaque heure du jour et de la nuit.

La pauvreté : une fatalité ou... une industrie ?

# Des pourris et des bums

*Jean-Marie Tison*

« *Dieu devait beaucoup aimer les pauvres puisqu'il en a créés autant.* »
Abraham Lincoln

Il est pour le moins curieux que ceux qui questionnent actuellement la légitimité de nos acquis sociaux (qui sont l'aboutissement de luttes entreprises par ceux qui souffraient le plus cruellement de leurs absences : les pauvres) ne remettent jamais en question l'idéologie néolibérale au sein de laquelle ces acquis ont vu le jour.

La série *Les Bougon, c'est aussi ça la vie*, a fait crouler de rire près de deux millions de téléspectateurs, chaque semaine, la première année de sa diffusion. À tort, on a reproché à l'auteur de ne jamais montrer chez les protagonistes les affres de la détresse, de la stigmatisation, du rejet et de l'urgence permanente qui sont le lot quotidien de la majorité des bénéficiaires de l'aide sociale. Dans la réalité, l'éventail de pirouettes et de magouilles auxquelles en sont réduits ces derniers pour arriver à joindre les deux bouts demeure plus pathétique, voire tragique, que drôle... Mais cette satire illustrait d'abord qu'un individu peut toujours être plus malin qu'un système.

On sait désormais que la bougonnerie comme règle de conduite surpasse de loin celle des bougons d'exception ! La commission Charbonneau nous a révélé l'étendue et la profondeur de la corruption au sein des élus qui pensent le progrès et ceux, à leur droite, qui créent la richesse au Québec. Avions-nous oublié que cette ancestrale et constante proximité incestueuse fut à l'origine même de la création de « notre plusse meilleur pays du monde » ? (dixit Jean Chrétien)... Mais on a beau crier au scandale en pointant un doigt accusateur, un cortège ininterrompu de bons citoyens, à l'affût d'une piasse à faire vite fait, se succédant jusqu'à nous-mêmes rivés devant la TV, auraient pu se voir sommés de traverser l'écran afin de témoigner à leur tour !

De ce point de vue, les pauvres ne sont pas plus bêtes (!) que les autres, mais ce ne sont pas eux qui ont inventé les enveloppes brunes, la collusion ou même le travail au noir ! Leurs motivations ont moins à voir avec l'appât du gain ou le pouvoir qu'avec des impératifs de survie. Ce n'est pas tant la pauvreté qui pose problème que les écarts de plus en plus indécents que le système génère. En cultivant des besoins et des appétits démesurés, on généralise l'état de manque chez tout le monde. Dans une société où si t'es pas un *winner*, c'est que t'es un *loser*, même des p'tits *bums* réussissent parfois à devenir de vrais *gangsters* ! Si t'es pus capable de suivre, va compenser plus loin ! Y'a un marché pour ça aussi... Laisse l'autoroute à ceux qui savent foncer vers le succès.

Les Bougon nous renvoient l'image d'un consensus ; au riche fantasmé s'oppose le pauvre imaginaire qui, à moins d'être originaire d'un pays pauvre, ne préserve sa pureté et n'est toléré que s'il reste hors champ ou ne jure pas trop dans le décor. Dans un monde où il est dit que chacun est l'unique responsable de sa vie, le pauvre doit toujours faire la preuve qu'il est victime des circonstances afin de mériter notre bienveillance. Il demeure donc suspect même s'il travaille et fondamentalement coupable s'il ne travaille pas !

Ainsi, notre BS incarne à merveille ce mauvais pauvre, lointain cousin du mauvais larron, crucifié sans doute à gauche du célèbre homme-dieu ! Il est donc normal qu'il en arrache afin de lui rappeler sa honte mais aussi la reconnaissance qu'il nous doit pour cette charité qu'on lui fait, qu'il consent à recevoir... et dont il dépend ! Notre charité institutionnelle devient donc un argument imparable pour écarter et blâmer ceux qui en sont les bénéficiaires parce qu'on ne peut monnayer, à l'aune de la rentabilité, ce qu'ils pourraient nous donner.

## Les faits

Si l'icône du maudit-BS-profiteur-qui-a-besoin-d'un-coup-de-pied-au-cul-pour-bouger est devenu un archétype relayé par tous les médias, c'est d'abord parce qu'il a été forgé par tous les gouvernements, de droite comme prétendument de gauche, qui se sont succédé depuis plus de trente ans ! Les mesures d'austérité qui frappent de plein fouet les assistés sociaux soulèvent peu d'indignation et demeurent payantes politiquement.

Pourtant on exige déjà beaucoup des gens su'l'BS. Ne serait-ce que de survivre avec un chèque de 650 piasses par mois (essayez ça pour le fun !) quand on sait qu'à Montréal le prix d'une chambre, à peine décente, oscille autour de 500 $ ! Ce qu'on omet de dire c'est que le pourcentage de personnes dépendantes de l'aide sociale a considérablement baissé depuis une douzaine d'années*. De plus, le montant mensuel maximum de 200 $ qu'un BS peut gagner sans risquer de voir couper son chèque n'a jamais été indexé depuis près de 25 ans ! Rappelons que les programmes d'employabilité (non protégés par les normes du travail et dont certains ont vu leur durée passer de cinq à deux ans) ne suffisent pas à la demande et ne permettent pas de sortir du cercle vicieux de la pauvreté, débouchant au mieux sur des emplois mal rémunérés. En pénalisant toute forme d'autonomie, les gens vivent toujours dans la crainte de perdre le peu qu'ils ont !

La pauvreté n'est pas une maladie contractée par de mauvaises habitudes ou de mauvaises fréquentations, et, si on se plaît à dépeindre ces *pauvres-là* comme des bons à rien finis, c'est parce qu'ils ne sont plus formatés pour travailler selon les standards d'une économie essentiellement axée sur la (sur)productivité, elle-même tributaire de la main invisible** du marché... La création de la richesse à rabais, issue d'une mécanique de pillage des ressources (et spéculative de surcroît) toujours à l'œuvre, produit surtout une pauvreté mondialisante constituée d'une cohorte de *working poor* dont les BS d'ici et tous les exclus forment la pointe visible.

En vertu de quel décret suprême ou divin des êtres humains « mal-munis » se verraient-ils confinés, non seulement à occuper des jobs dévalorisantes, mais surtout dévalorisées (en dépit du fait qu'elles soient utiles !) faisant d'eux des démunis condamnés à en arracher jusqu'à la fin de leurs jours pour joindre les deux bouts et à vivre dans des conditions que *tous* jugent indécentes ! N'est-il pas temps de redéfinir la notion même de richesse ? De travail et de salaire ? Et surtout celles de travail et d'emploi ? Parce que, dans les faits, tout le monde travaille ! Les retraités travaillent,

---

* De 9 à 7 % selon les données de l'Institut de recherche et d'informations socio-économiques publiées en octobre 2012.
** Concept élaboré par l'économiste britannique Adam Smith, dans ses *Recherches sur la nature et les causes de la richesse des nations* (1776). Ce concept a été récupéré et détourné de son contexte initial par les tenants actuels de l'idéologie néolibérale.

les bénévoles travaillent, les mères de famille travaillent, les étudiants travaillent.... N'est-il pas temps d'envisager une économie fondée sur des rapports, non pas d'échange, mais de réciprocité inclusive en fonction des capacités de chacun ?

Si nous n'avons plus la naïveté de croire que Dieu a créé les pauvres... c'est qui d'abord ?

# Une chronique impressionniste sur la pauvreté

*Mathieu Thériault*

Quand on est pauvre, on sait toujours exactement de combien d'argent on dispose – surtout dont on ne dispose pas –, pour quand est prévue la prochaine rentrée d'argent, quelles sont les dépenses qui ne peuvent plus attendre un jour de plus et quelles sont celles qu'on peut repousser encore un peu.

Quand il chroniquait encore, entre quatre paragraphes sur le vélo et cent-trente-deux sur ses chats, Pierre Foglia rapportait un jour qu'il n'avait aucune idée de l'état de ses finances, de combien il avait dans son compte de banque, de son revenu exact, de ses épargnes et de ce genre de choses. C'était, disait-il, sa légendaire « fiancée » qui s'occupait de tous ces aspects de leur ménage et de leur vie domestique. Je me souviens m'être dit, en le lisant, que seul quelqu'un de particulièrement aisé pouvait se permettre des réflexions du genre. En admettant que ce n'était pas un genre bohème gogauche qu'il se donnait – facile d'être au-dessus de ses affaires quand on est le chroniqueur vedette de *La Presse* depuis 40 ans –, je trouvais que cela relevait d'un insupportable mépris de classe.

Si certains pensent que les riches sont obsédés par l'argent qu'ils ont, ce n'est rien comparé à l'obsession des pauvres pour l'argent qu'ils n'ont pas. Parions que ni Foglia ni sa « fiancée » n'avaient eu dans un passé récent à prendre un ton larmoyant pour expliquer à l'agent de recouvrement qui menaçait de leur couper l'Hydro ou le téléphone qu'ils attendaient le prochain versement d'allocations familiales ou de TPS pour effectuer le paiement minimum dû. Il n'y a rien de plus insupportablement bourgeois que de prétendre n'être pas préoccupé par les questions d'argent. Un peu à l'image des *snowbirds* floridiens qui affirment être tout à fait à l'aise avec les hivers québécois.

Ce 17 octobre se tiendra au centre-ville la marche annuelle de Centraide dite des « 1 000 parapluies ». Cette parade vise à marquer le coup d'envoi de la campagne annuelle de financement de l'organisme philanthropique. Pour l'occasion, toutes les grandes compagnies donatrices marchent avec des parapluies frappés de leur logo, qu'il pleuve ou non. Il y a toujours quelque chose de saisissant dans cette balade où les grandes entreprises et corporations défilent aux côtés des plus démunis et des représentants qui parlent en leur nom. Comprenons-nous bien, j'ai le plus grand respect pour les employés de ces sociétés qui acceptent une autre ponction sur leur paie afin de faire un don désintéressé pour une bonne cause. Sauf que je ressens toujours un profond malaise quand je vois les hauts dirigeants de ces entreprises accepter de « prendre la rue » aux côtés de ces « classes misérables » qu'ils ne côtoient autrement jamais. Outre que pour ces grandes sociétés, les dons aux bonnes œuvres sont en général synonymes de déductions d'impôts et de promotion « socialement responsable », il y a quelque chose de fondamentalement hypocrite de voir les plus mal pris marcher servilement avec les hauts représentants d'un système qui les maintient dans la misère.

Il serait temps de se dire que la lutte à la pauvreté n'est pas une affaire de bonne cause, de philanthropie ou de fondations privées, qui accordent les fonds aux organismes qu'elles jugent, selon des critères forcément arbitraires, les plus méritants. En général, dans une logique de « bons » et de « mauvais » pauvres. Si ces grandes compagnies commençaient d'ailleurs par payer leur juste part d'impôts et qu'on traquait vraiment l'évasion fiscale, le besoin d'une charité privée se ferait déjà moins sentir. Ce serait déjà une meilleure raison de prendre la rue, plutôt que de voir les exploités remercier leurs exploiteurs. Et si les 1 000 parapluies servaient en fait à se protéger de l'orage social à venir ?

Qui se souvient – ou se soucie – que le Québec a adopté il y a plus de dix ans la loi 112 visant l'élimination de la pauvreté ? Ou que le fédéral a voté en 1989 une loi pour éliminer d'ici l'an 2000 la pauvreté infantile, comme si celle-ci était dissociable de la pauvreté des parents ? Concernant la loi 112, un député du gouvernement qui s'apprêtait à voter la loi en question avait déclaré : « Une loi contre la pauvreté, pourquoi pas une loi contre la pluie ? »

Soulignant du coup que la pauvreté était pour lui aussi inéluctable que le soleil qui se lève le matin ou que la région de Québec qui vote à droite.

À l'époque, le mouvement communautaire était on ne peut plus divisé sur cette stratégie visant à forcer l'État à voter une loi contre la pauvreté qui le mettrait pour ainsi dire hors-la-loi chaque fois qu'il appliquerait des mesures appauvrissant la population. Ainsi, avec ses mesures d'austérité, le gouvernement Couillard devrait-il se jeter lui-même en prison ? Matricule 728 devrait-elle le neutraliser une bonne fois pour toutes ? Avec une bonne clef de bras et du matraquage en règle ? On voit bien sûr l'absurde de la chose.

Si l'État avait voulu régler la question de la pauvreté, cela aurait été fait depuis longtemps. Même dans une logique strictement comptable et capitaliste, en une génération ou deux tout au plus, cela serait rentable. On n'a qu'à penser aux coûts des inégalités sociales et de la pauvreté sur le système de santé, sur l'appareil juridique et les prisons, sur le réseau d'éducation, sur le coût social du chômage, sur les charges afférentes à l'itinérance et sur tant d'autres choses pour se convaincre qu'à terme, investir dans l'abolition de la pauvreté serait à l'avantage de tous. Oui, cela serait forcément déficitaire pour un temps, mais les bénéfices sociaux d'abord et économiques ensuite compenseraient largement. Si cela n'est pas fait, c'est pour des raisons idéologiques et politiques qui permettent au système de se maintenir et de se perpétuer même s'il est profondément injuste et illogique. À preuve, dans l'interminable campagne dans laquelle nous sommes plongés, l'enjeu du niqab qui ne concerne probablement pas 500 personnes dans tout le pays fait énormément plus de tapage que l'enjeu de la pauvreté qui en concerne des millions !

Ce qui est bête, c'est qu'il est infiniment plus coûteux de vivre dans la pauvreté que dans l'aisance. On achète une passe de semaine plutôt qu'une passe de mois. Un passage plutôt que l'aller-retour qui est 50 ¢ moins cher. Quand ça va mal, on saute les tourniquets un peu honteusement en se retournant sans cesse pour voir s'il n'y aurait pas un inspecteur. On emprunte pour rembourser une dette et quand ça ne fait plus, on va porter au pawn shop les derniers biens de valeur qui pourraient nous rester. Avec un taux d'intérêt à 25 %. Il faut avoir vu la gueule d'un commis de pawn shop qui vous demande combien vous voulez en échange de votre téléphone – alors qu'il sait très bien qu'il ne vous en donnera pas plus de 25 $ – pour comprendre à quel point l'opération est humiliante. Ou encore hésiter devant la caissière de l'épicerie et les clients derrière vous sur quels articles vous allez laisser tomber parce que je-ne-sais-pas-ce-qui-se-passe-mais-on-dirait-qu'il-y-a-un-problème-informatique-avec-ma-carte-de-guichet.

La pauvreté, en pays riche, c'est aussi d'entendre le silence embarrassé des gens qui vous demandent : « Pis toi, qu'est-ce que tu fais dans la vie ? » face à votre tentative de réponse jamais convaincante. « Euh, je suis en réorientation professionnelle... J'ai décidé d'arrêter de me définir par mon emploi... Je suis riche de mes expériences de vie... » Le fait est que si vous n'avez pas de travail et que vous n'avez pas une sacrée bonne excuse physique à produire (« je ne travaille pas, je me remets de mes traitements de chimio »), vous êtes forcément un peu suspect.

La pauvreté au Québec, ça peut être un boulot à temps plein. Quand après six heures, il ne reste plus rien de ta seule entrée mensuelle d'argent et que tu te dis : « Au moins en février, il ne me restera plus juste que vingt-sept jours et dix-huit heures à attendre », les journées peuvent être longues et éreintantes. Être pauvre au Québec, c'est aussi et beaucoup n'avoir rien à dire quand vient le temps de se présenter et de dire : « Mon nom est Machin, et dans la vie je suis... »

Je suis pauvre criss, pourquoi c'est moi qui devrais en avoir honte ?

# Des crieurs de journaux sur le domaine public

## Les règles entourant la vente du magazine

*Marie-Andrée B.*

Au Québec, pour faire valoir une cause, on s'associe d'abord à des personnalités artistiques qui portent le message au public, au milieu des affaires et aux autorités civiles. Comme L'Itinéraire fait rarement les choses comme les autres, il a suivi « l'itinéraire » inverse. Le projet fut bien implanté dans la ville avant que les artistes commencent à s'intéresser de plus près au groupe et à son journal. Ce sont d'abord les policiers qui ont appuyé le projet de la vente d'un journal de rue sur le domaine public.

Grâce à l'appui du commandant Claude Lalonde, invité par un des membres du groupe, le réseau de vente s'est mis en place en 1994. François Thivierge, organisateur communautaire, expliqua le projet au commandant et celui-ci lui offrit son aide. Au moment de développer le réseau de distribution, M. Lalonde pensa à un vieil article de la Ville de Montréal qui permettait de vendre un journal à la criée. Il écrivit donc une lettre à tous les directeurs de postes de quartier pour les aviser de la légalité de l'opération. Le commandant connaissait également le directeur de la sécurité du métro. Il appuya le projet auprès de la STM pour que les camelots puissent accéder aux stations de métro.

Initialement, les camelots étaient principalement présents dans le centre-ville de Montréal. Vingt ans plus tard, ils vendent en majeure partie dans Ville-Marie, Rosemont et le Plateau Mont-Royal, mais ils travaillent dans presque tous les arrondissements de l'île. Ils desservent également les villes de Sutton, Granby et Saint-Jérôme. Dans son plan de développement, le groupe cherche à s'établir en périphérie de la métropole.

Parfois, les camelots de L'Itinéraire négocient avec les commerçants afin de vendre leurs magazines dans l'entrée des établissements, dans les centres commerciaux et les marchés.

## Une victoire pour l'accès des camelots à l'espace public

À Montréal, chaque conseil d'arrondissement peut légiférer sur la vente d'un journal de rue sur son territoire. Si les anciens arrondissements de la ville, ou encore la STM, ont toujours accueilli L'Itinéraire et ses camelots avec beaucoup d'ouverture, ce n'est malheureusement pas toujours le cas des nouveaux arrondissements issus des fusions municipales.

Jusqu'en 2010, les camelots de L'Itinéraire étaient autorisés à vendre sur le territoire d'Outremont. Avec l'entrée en vigueur du règlement 1063 sur les prohibitions et nuisances, les agents de la sécurité publique se sont mis à intercepter le vendeur du quartier, Norman Rickert, en lui demandant de quitter le territoire. Un client de Norman, résident d'Outremont, est intervenu en sa faveur auprès du conseil municipal. En avril 2012, après un an de négociations, la mairesse Marie Cinq-Mars et les conseillers de l'arrondissement ont adopté une modification à la loi autorisant officiellement la vente du magazine. Il est mentionné dans les règlements municipaux de plusieurs arrondissements, dont celui d'Outremont, que « les camelots sont autorisés à vendre des journaux sur le domaine public ».

Une demande similaire est présentement en cours à Verdun, où des citoyens vivent en situation de pauvreté et pourraient améliorer leurs conditions de vie en vendant L'Itinéraire. Dans une ville hétérogène où il existe une grande mixité sociale, le magazine est un outil de cohabitation, car il crée des liens entre les personnes issues de différentes catégories socioprofessionnelles en plus de combattre la pauvreté.

## À qui appartient l'espace public ?

La succession ininterrompue de festivals soulève de nombreuses questions relatives au partage de l'espace public dans la métropole de Montréal. Selon Annie Roy, cofondatrice de l'Action terroriste socialement acceptable (ATSA), les festivals sont une manière détournée de privatiser l'espace public (voir L'Itinéraire du 1er juin 2014). L'utilisation systématique des rues, parcs et autres places publiques à des fins commerciales augmente le contrôle exercé par la police et les agents de sécurité sur la population qui occupe habituellement cet espace. Par exemple, les camelots ne peuvent pas vendre leurs journaux sur les sites des festivals à moins que l'organisme n'ait pris une entente préalable avec les responsables de l'événement.

Durant la saison estivale, le centre-ville comme destination touristique laisse peu de place aux personnes marginalisées. Pour rendre attractif le centre-ville sur le plan économique, les autorités municipales et les forces policières utilisent plusieurs stratégies pour disperser les gens considérés comme problématiques. La stratégie de la dilution consiste à atténuer la visibilité de ces personnes en animant les places publiques et en favorisant leur utilisation par d'autres types d'acteurs qui se conforment à la norme. La stratégie de l'expulsion consiste plutôt à *faire disparaître* ces personnes par la répression : émission de constats d'infraction à des règlements municipaux, arrestations pour non-paiement des constats d'infraction et imposition de conditions de remise en liberté interdisant de fréquenter le quadrilatère du centre-ville.

Au lieu d'exclure les personnes marginalisées, pourquoi ne pas les inclure dans la définition des problèmes et des solutions concernant le partage de l'espace public ?

---

Sources :
- Règlement municipal concernant la paix et l'ordre sur le domaine public, RRVM c. P-1, article 6
- Rapport de recherche, Les enjeux du partage de l'espace public, Michel Parazelli, UQAM

# Un fantôme inoubliable

*Cindy Tremblay*

Tes yeux de frissons d'acier
Tes cheveux couleur glacier
Ton cœur d'adolescent bohème
Inspirant les plus beaux poèmes

Tes caresses guérissant mes larmes
Ta voix harmonieuse tel un charme
Tu es un véritable mystère mythique
Tu descends d'une poussière d'étoiles cosmiques

Tu ressembles à un vampire modernisé
Assoiffé de sang, sans être un meurtrier
Je suis éprise de tes crocs aiguisés
Envoutée par ton château éloigné

Tes baisers savoureux m'ont désarmée
Ta personne m'a intensément touchée
Ton expression virile m'a séduite
Des souvenirs mémorables en fuite

Tu m'habitais comme un amour premier
Si puissant qu'on oublie de respirer
Je souhaite renaître en Déesse
Pour un jour devenir ta princesse

Échange dano-québécois entre deux camelots

# Mon entretien avec Sir Henrik de Hillerød

*Norman Rickert*

À l'occasion de la Semaine internationale des camelots, j'ai eu une conversation avec Henrik qui, comme moi, est camelot pour un magazine de rue… au Danemark. Nous avons constaté qu'il y a beaucoup de similitudes entre nos deux groupes.

Mon karma doit être scandinave. Après avoir lu un roman de Stieg Larsson, écrivain suédois fort connu, j'ai lu celui d'une romancière islandaise, une saga familiale d'une écrivaine norvégienne, et je suis en train de parcourir un polar dont l'action se passe au Danemark, principalement dans la ville de Copenhague. Vous vous demandez pourquoi, chers lecteurs et lectrices, je mets la table de cette manière avant de m'attarder au sujet de cette entrevue ? Je vais vous avouer, je ressens une attirance particulière pour cette région du monde. Quand on m'a demandé si je voulais échanger avec un camelot travaillant pour un journal de rue danois, j'ai réalisé qu'il y a des coïncidences parfois bizarres dans la vie. Alors sans hésitation, j'ai dit oui…

L'entrevue vidéo s'est déroulée sur Skype. Moi, incorrigible oiseau de nuit, je devais me lever tôt pour le rendez-vous virtuel à 9 h. Je n'avais pas le choix, c'était à cause du décalage horaire. Pour mon homologue de l'autre côté de l'Atlantique, il était 15 h. Henrik a 45 ans et vit à Hillerød, une petite ville au nord de Copenhague. Il est camelot depuis six ans. Son parcours de vie est assez conforme à celui des camelots de L'Itinéraire. Il avait un emploi et était marié, mais il était toxicomane. Un jour, en 2002, sa femme en a eu assez et l'a foutu à la porte. Il a vécu ensuite dans la rue par intermittence jusqu'en 2010. « Grâce à la municipalité d'Hillerød, je vis dans un logement subventionné depuis trois ans », explique-t-il. Mon propre parcours a été moins difficile que le sien, bien que j'aie connu des périodes de pauvreté extrême, en raison du contexte économique, mais aussi de mauvais choix de vie.

Je lui demande comment c'est de vivre dans la rue dans son pays. « C'est un problème croissant, les gens sont de plus en plus conscients du problème de l'itinérance au Danemark », constate Henrik. Selon les statistiques, il y aurait un peu plus de 6 000 itinérants à travers le pays, qui compte environ 5,5 millions d'habitants. Il y a beaucoup de similitudes avec nous. Le dernier recensement a fait état de plus de 3 000 itinérants à Montréal.

Henrik s'implique dans le groupe *Hus Forbi* à titre de vice-président du conseil d'administration. Il me fait part que son conseil d'administration va tenir une assemblée extraordinaire le lendemain. « En général, nos réunions sont plutôt animées, parfois même mouvementées », raconte-t-il. « Chez nous aussi ! », lui réponds-je avec entrain.

## Le plus populaire au Danemark

Mon homologue danois n'écrit pas dans le magazine, mais il participe parfois à la publication d'articles avec l'aide de journalistes. Le magazine de rue *Hus Forbi* est très bien perçu au Danemark, la revue s'est vu décerner un prix récemment, qui a été remis par le parti libéral actuellement au pouvoir au pays. Un Philippe Couillard danois ? Ah non, j'ai du mal à me l'imaginer… Écouter Henrik parler, c'est un peu comme se regarder dans le miroir à 6 000 km de distance. « Dans notre magazine, on parle beaucoup de l'itinérance, de la justice sociale, des sujets qui touchent nos vendeurs. On est la voix des sans-voix », répond-il. C'était justement le slogan de *L'Itinéraire*, il y a quelques années.

Les camelots du magazine danois proviennent de toutes les classes sociales. Ce sont généralement des gens qui ont connu des problèmes de consommation et de rejet social. On y retrouve même des anciens professionnels, des banquiers, des comptables qui un jour ont perdu leur emploi. Savez-vous que *Hus Forbi* est le magazine le plus populaire au Danemark ? J'aimerais un jour pouvoir en dire autant de *L'Itinéraire*. Henrik poursuit : « On vend dans tout le Danemark, environ 80 000 exemplaires par mois. » Il travaille le matin, à partir de 9 h, et retourne chez lui vers 15 h. Il vend entre 250 et 300 magazines par mois. C'est à peu près le même nombre de revues que je vends. Par contre, ceux qui me connaissent bien savent que je travaille en fin d'après-midi.

Henrik m'a montré l'appartement où il vit. C'est un grand un et demie, comme on pourrait en trouver à Montréal. Quant aux conditions climatiques dans ce pays scandinave, Henrik m'explique qu'il n'a pas encore commencé à neiger mais qu'on attendait la première neige, en ce 13 janvier.

Henrik est toujours au même poste, les gens le connaissent et même si beaucoup l'ignorent, il n'hésite pas à les aborder et leur dire bonjour. « D'ailleurs, j'ai un de mes clients, un ancien prof, qui m'a anobli pour rigoler, comme la Reine. Il m'appelle Sir Henrik de Hillerød », déclare-t-il avec fierté.

Pour ma part, personne à ce jour ne m'a traité de roi ou de prince, mais ça ne saurait tarder. On me donne du monsieur souvent, et c'est mieux que de recevoir des regards indifférents, voire méprisants. J'imagine que Henrik subit souvent les mêmes, du côté de Copenhague...

# Sur un air de millénaire

*Éric Dion*

Donne-moi un crayon, et un bout de papier
J'ai une passion, qui me permet de m'accrocher
J'ai pas besoin de prescription, pour me faire décoller
Juste besoin d'une illusion, qui me permettra de rêver
C'est ça j'ai l'air, dans mon nouveau millénaire
Les temps sont durs, le prix d'essence a pas d'allure
J'ai vendu ma voiture, depuis je me promène en chaussures
Mais c'est dur d'apprécier l'hiver, quand marcher est un vrai calvaire
Depuis que j'ai chuté sur le trottoir, j'ai hérité d'un blanc de mémoire
C'est ça j'ai l'air, dans mon nouveau millénaire
Dans cette société, où tes besoins sont dictés
T'as plus à te demander, ce à quoi tu as besoin de penser
On va te montrer sur un grand écran, ce qui provoque le vrai changement
En faisant semblant que c'est innocent, que l'important c'est de faire de l'argent
C'est ça t'as l'air, dans ton nouveau millénaire
De quoi t'as l'air, si t'as pas de cellulaire
Si t'as pas d'iPod, c'est sûr que tu deviens pas iMode
Si t'as pas de tattoos, tu fais partie des riens du tout
Quoi que tu fasses, les gens te font la grimace
C'est ça t'as l'air, dans ton nouveau millénaire
Le but du travail, n'est pas d'être le mieux payé
Parce qu'au milieu du bétail, tu gagneras ton pain croûté
Avec ton gros salaire, tu y vas fort sur le gaspillage
Pendant que les deux tiers de la Terre comptent sur toi et le recyclage
C'est ça notre air, dans notre nouveau millénaire
Quand t'es amoureux, le but c'est pas de faire des envieux
Parce que tu te mets à flasher, on va te mettre sur un foyer
L'amour c'est compliqué, dans ce monde où il faut flirter
Es-tu majeur, vacciné, pas d'odeur, désinfecté
C'est ça notre air, dans notre nouveau millénaire

171

# L'école de la vie

*Jo Redwitch*

Je suis née en 1969. Comme de nombreuses jeunes filles et de jeunes garçons de ma génération, il était honteux de parler de sexualité au sein du foyer familial. Le manque d'éducation peut conduire à vivre de mauvaises expériences, dont les conséquences sont parfois irréversibles.

Un bel après-midi d'été, ma mère et moi étions assises dans une salle d'attente à l'hôpital Hôtel-Dieu de Roberval, au Lac-Saint-Jean. J'étais au secondaire et j'avais 14 ans. Nous étions en 1985. Nous attendions patiemment les résultats du médecin. La tension était palpable. Ma mère ne parlait pas, ce qui n'était vraiment pas son genre. Elle était morte de honte. Le médecin nous a finalement rencontrées pour nous dire qu'il faudrait qu'il effectue un petit nettoyage dans mon ventre, car je venais de perdre mon bébé.

C'est là que mon éducation sexuelle parentale a commencé et c'est là qu'elle s'est terminée. Personne n'a jamais reparlé de cette histoire. Mes parents n'ont jamais discuté de relations sexuelles dans mon enfance et mes deux frères, qui sont plus jeunes que moi, ont été élevés de la même manière, c'est-à-dire dans les non-dits et les tabous. À cette époque, parler de sexualité, dans la famille ou à l'école, ça ne se faisait pas. Parler d'amour non plus.

J'ai quitté la maison cette année-là. Mes parents m'ont placée dans un Centre d'accueil jeunesse où les garçons et les filles étaient séparés. Là-bas, l'éducation sexuelle n'était pas plus abordée. Le courrier interne, surveillé par les intervenants, était notre seule façon de communiquer avec les garçons. Ce n'est qu'à mes 16 ans que j'ai commencé à parler de mes amourettes avec mes copines du centre.

**Trop de sexe, c'est comme pas assez**

Il m'aurait semblé important qu'on me parle de l'amour et de la vie intime des amoureux avant que je ne les découvre par moi-même. Non pas de l'aspect *technique* de l'acte, qui s'apprend naturellement, mais plutôt de ses conséquences. Un peu d'information et de prévention m'auraient sans doute permis de prendre un chemin différent.

Je sais que les valeurs ont bien changé, mais pour moi, la sexualité et l'amour sont indissociables. L'éducation sexuelle que j'aurais aimé recevoir n'a rien à voir avec ce qu'on m'a inculqué. Les silences de mes parents et le manque de communication m'ont coûté très cher. Ils ne m'ont jamais valorisée. Si j'avais eu confiance en moi, j'aurais pu mieux exprimer mes limites aux garçons, au lieu de confondre l'amour et le sexe, même s'ils sont intimement liés. C'est seulement avec le temps que je l'ai compris. Je suis persuadée que l'ignorance et la naïveté sont des barrières à l'évolution de l'individu dans tous les domaines. Je constate que cette absence d'éducation sexuelle et relationnelle a eu une incidence sur ma vie d'adolescente et aussi d'adulte. Ces carences affectives m'ont menée vers un besoin démesuré d'être reconnue. Des années plus tard, j'ai pris le chemin de la séduction, qui m'a sournoisement conduite dans le milieu des clubs de danseuses. Je suis consciente que mes parents ont fait tout ce qu'ils ont pu et je ne peux leur en vouloir. J'ai fait des choix délibérément et j'ai beaucoup appris à l'école de la vie. L'hypersexualisation de la société d'aujourd'hui me pousse à croire que les messages véhiculés par les médias et la publicité auront une incidence sur les générations futures. Les jeunes sont plus exposés aux images à caractère sexuel, mais sont-ils mieux éduqués que je l'ai été ?

# Diane Dufresne multidimensionnelle

*Jean-Paul Lebel*

Le Centre d'art Diane Dufresne a ouvert ses portes en novembre dernier, à Repentigny. L'artiste et son conjoint, le sculpteur Richard Langevin, y exposent leurs œuvres jusqu'au 21 février. Même si elle a la réputation de ne pas apprécier les entrevues, j'ai vu dans la « diva » une femme simple, profondément humaine et très ouverte. Et qui, comme de nombreux camelots, a suivi un parcours de vie difficile. Diane Dufresne s'est livrée à nous avec sincérité.

**Madame Dufresne, pourriez-vous nous dire quel effet cela fait de prêter son nom à un centre d'art ?**
C'est une belle récompense. Mon métier de chanteuse a été un chemin de croix. J'ai été victime de beaucoup de préjugés, mais grâce au public, j'ai pu devenir la chanteuse que j'ai été et que je suis. Ça m'a donné la chance de pouvoir faire de l'art visuel. Et un beau jour, on crée un centre de création à Repentigny, et on te propose de lui donner ton nom. C'est un honneur de participer à un projet créatif dans un monde où il y a tellement de violence, de misère, de guerres.

**Vous avez déclaré plusieurs fois être mal comprise des médias, et avoir du mal à communiquer avec les autres en général. Votre art, la musique, l'écriture, la peinture, c'est une façon pour vous de communiquer ?**
En vieillissant, les journalistes me comprennent mieux. Comme je suis devenue une vieille sorcière, je suis moins épeurante ! À mes débuts, je ne collais pas au monde du show-business. C'était dans ma nature. Sans rien faire, en restant moi-même, je crois que j'ai participé à changer les choses. On voit aujourd'hui que je ne suis plus dangereuse. Maintenant qu'il y a eu Madonna, qu'il y a eu Lady Gaga, qui ont également touché à la peinture, à

l'art visuel et à d'autres formes d'art, on accepte que les chanteurs ne doivent pas forcément se contenter de faire de la chanson. Quand j'ai commencé, on disait : « Elle est tellement flyée, elle est folle. » Mais je ne suis pas une chanteuse ni une peintre, je suis quelqu'un qui essaie de créer des choses, qui peut amener les autres à se poser des questions, puis leur donner l'envie de créer à leur tour. La créativité, c'est un échange. C'est une façon aussi de défier la mort. C'est une façon de défier beaucoup de choses que de créer, d'oser. On a le droit de se tromper, ce n'est pas grave, c'est juste de la création. Aujourd'hui, les gens attendent en ligne pour entrer dans un musée, mais pas pour aller à l'église. C'est là qu'on se rend compte que l'art est devenu autre chose, c'est une manière d'exprimer sa liberté et c'est devenu un vrai moyen de communication. Ce que je fais, c'est de l'art populaire, c'est sans doute plus accessible que ce qu'a pu faire Jean-Michel Basquiat, par exemple. Même les enfants s'amusent en regardant mes œuvres.

**Nous pouvons faire le parallèle avec L'Itinéraire. Nos participants sont parfois des personnes exclues socialement, des personnes souffrant de troubles de santé mentale. Ils s'expriment à travers l'écriture, mais aussi à travers différents ateliers d'art. Pour vous, la créativité peut-elle être considérée comme un facteur d'intégration ?**

Ça fait des années que je suis L'Itinéraire, c'est un beau projet, et on est toujours fier d'y participer. J'ai été une exclue, mais une exclue qui a eu une autre sorte de chance. J'avais un frère qui lui aussi a eu une vie très difficile. Moi, j'ai pu écrire un livre là-dessus, j'ai été une exclue mais j'ai pu l'exorciser. Si je n'avais pas pu créer, je serais devenue quoi ? Si tu ne crées pas, tu fais quoi ? On pense que j'ai beaucoup d'ambition, mais j'ai juste eu la chance de rencontrer des gens : Guy Latraverse, Luc Plamondon, François Cousineau, ou Clémence Desrochers. J'étais une fille de club, même les autres girls ne voulaient pas trop se mêler à moi. C'est comme si je n'avais pas eu le même sarrau. Quand je chantais, au début, des gens disaient : « Elle ne peut pas chanter ça, une femme ne chante pas ça ! » J'étais toujours en dehors, mais moi ça me plaisait, les gens qui étaient différents. C'est sûr que je ne suis pas dans la rue, et je ne suis pas quelqu'un qui manque d'argent. Mais l'exclusion, quelque part, je la connais. Je suis un outsider.

**Dans votre livre *Mots de tête*, vous disiez que la solitude était arrivée dans votre vie le jour où vous avez perdu votre mère. Est-ce que vous combattez encore cette solitude aujourd'hui ?**

J'en ai besoin, de cette solitude. Je suis quelqu'un de solitaire, je suis quelqu'un qui vit sans téléphone. Bien sûr, le social, l'échange avec les autres, c'est important. Mais il me faut de la solitude pour créer. Il y a un silence intérieur qu'on doit écouter, et il y a quelque chose qui en sort. Dans le fond, chacun de nous est seul. On est seul face à la mort. Ma mère est morte très jeune, elle n'avait que 34 ans. C'est quelque chose de rencontrer la mort. Les êtres humains vivent, sans le savoir, avec cette peur de la mort. On a beau dire qu'on n'a pas peur, mais c'est facile à dire quand on ne sait pas ce que c'est. J'ai l'habitude de dire que la créativité défie la mort. Et dans la créativité, il faut de la solitude. Quand quelqu'un est seul, dans la rue, c'est sûr qu'il peut parfois avoir droit à de beaux sourires. Mais il est seul, il est rare.

**De nombreuses personnes à L'Itinéraire souffrent d'une forme d'exclusion parce qu'elles ont vécu un drame dans leur jeunesse, la perte d'un proche, l'abandon. Est-ce que vous auriez un message à envoyer aux camelots qui cherchent à briser leur isolement ?**

Je sais ce que c'est, j'ai déjà travaillé avec Cœur de femme, une association française qui aide les femmes de la rue. Pourtant, beaucoup d'entre elles avaient suivi des études. On peut se penser beaucoup mieux que les gens dans la rue, quand on les regarde dans notre auto bien chauffée, mais on ne sait jamais ce qui peut nous arriver. Il faut accepter qu'on a tous des parcours différents. Je le comprends quand je vois ce que je suis devenue, à côté de mon frère qui a eu une vie très, très difficile. On parle d'exclusion mais on dirait que vous êtes des anges, vous vivez beaucoup de choses. Comme mon frère, qui était très différent. Quand il entrait dans une pièce, on le voyait tout de suite. Mais il s'en est sorti, à sa manière. C'est l'homme le plus courageux que je connaisse, et je peux dire que je suis qui je suis aujourd'hui grâce à lui. J'ai beaucoup de respect pour ceux qui sont capables d'assumer ça. Comme vous, qui faites très bien votre entrevue. J'ai eu plus d'émotions avec vous qu'avec tous les autres journalistes.

# L'homme sensible

## *TristeCiel*

Un homme sensible croit que le bonheur vient premièrement de l'intérieur. Il cherche à évoluer et à grandir dans l'amour. Sa nature, sa force et son courage se manifestent par sa bonté envers les autres. Dominer, écraser et posséder le répugnent au plus haut point. Capable d'exprimer ses sentiments et de bien les communiquer, il avance fièrement sans se sentir honteux s'il pleure.

Il considère la femme comme son égale et se sert de toute son imagination pour contribuer à son bonheur. Sa sexualité n'est pas égoïste, le feu qui caractérise sa passion masculine est dompté. Donner sans toujours attendre en retour lui procure une pleine satisfaction. Cet homme aime généreusement les enfants et n'aspire qu'à leur bien.

Habile avec ses mains, réfléchissant avec logique, c'est avec son cœur qu'il vit. Il croit à un monde meilleur et s'applique à l'améliorer. Il ne juge pas selon les apparences, il ne porte pas de masque. Son père est l'intelligence et son frère l'esprit ; la sagesse est sa mère et sa sœur la foi.

Si sa conscience le tiraille ou s'il souffre en dedans, cet homme ne tente pas de rendre les autres responsables ; il se regarde. L'homme sensible n'est pas un faible ni un mou, il manifeste sa confiance par des actes concrets et constructifs plutôt que par des actes barbares et vils.

Cet homme reconnaît surtout que le parcours menant à la maturité est encore long et parsemé d'embûches. L'homme sensible se sent seul, voire parfois mélancolique, cependant son flair et sa patience le guident vers d'autres âmes comme lui. Si jamais une trop grande sensibilité l'envahit, tel le déferlement d'une vague en pleine tempête, il ne craint point l'épreuve, car c'est encore cette même sensibilité qui l'inspire à défendre le bien.

Si l'homme sensible est doux et humble de cœur, il sait au fond de lui qu'en vérité, il fait partie des plus forts.

# Là-bas l'enfant

*Siou*

Là-bas l'enfant
A glissé sur la côte
A déchiré
Son pantalon
Il n'ose retourner
À la maison
De peur qu'on l'accuse

L'enfant là-bas
En pieds d'bas
Traîne ses pieds
Et bat la chamade

Mais non
Je n'ai pas déchiré
mon pantalon
s'écrie-t-il
La côte
En est la cause
Croyez-moi !

L'enfant là-bas
En pieds d'bas
traîne ses pieds
Et bat la chamade

Là-bas l'enfant
S'assoit
Sur son malheur
Pour étouffer
Le souvenir
D'une déchirure
Étirée
Jusqu'à la pointe du cœur

Là-bas l'enfant
L'enfant là-bas
Ne grandira pas

# L'intimidation

*Éric Dion*

Je sais pas comment ça a commencé, je suis sorti du primaire
Mais le jour de la rentrée, aux effets secondaires
Sourire un peu méfiant, je ne suis pas sorti de ma peine
Ici ils sont encore plus grands et moi encore plus jeune
J'ai traversé un nuage gris avec une drôle d'odeur
Trois quatre personnes qui riaient et les yeux qui changeaient de couleur
Il m'ont bloqué l'entrée de la cour de récréation
« Tu rentres pas sans avoir essayé », c'était de l'intimidation

Et au milieu de l'année est arrivée la nouvelle
La fille aux cheveux bouclés, le genre enfant modèle
Lui ont lancé l'invitation sur Facebook pour la niaiser
Lui faire une réputation et interdiction de supprimer
« Dévergondée, paraît que tu couches avec ton frère
Tu es prête à te faire payer pour te faire mettre dans le derrière »
Un jour à cause de son profil, eh bien il y a eu une agression
Ça disait « la fille facile », c'était de l'intimidation

Devant moi le pauvre Simon, au bout de ses 13 ans
Pas un poil au menton, bienvenue dans la cour des grands
De l'autre côté, le fils d'ouvrier, une moustache, un vrai géant
Avait pas pris d'avoir doublé, il s'en prendrait aux innocents
Ils se sont croisés dans l'escalier, un moment de friction
« Pour toi Simon, l'heure a sonné, prépare-toi à l'humiliation »
Il l'a brassé, écrit « *fuck you* » sur son front
Il l'a embarré dans un casier, c'était de l'intimidation

Dans l'autre classe, t'as une gothique qui a perdu confiance
À cause des deux trois hypocrites qui ont pas su garder le silence
Sur ce qu'il se passait à la maison, un beau-père intoxiqué
La mère qui perd la raison, toujours en train de l'engueuler
Mais faites-les donc tous vos grimaces, dire de moi toutes vos conneries
Vous m'avez craché dans la face pour la dernière fois de ma vie
Oh Monsieur le directeur, je ne vous demande pas la permission
Je deviens décrocheur à cause de l'intimidation

Thérapie par la confrontation

# Fermer Mélaric, une bonne nouvelle pour les dépendants !

*Mathieu Thériault*

Pour guérir de votre maladie, vous deviez subir des contraintes physiques et des humiliations publiques. On vous criait après, vous insultait devant des dizaines de personnes. On vous poussait au bout de ce que vous étiez capable de supporter émotivement. Vous balayiez le sol à même vos mains trois fois par jour. Votre « maladie » ? La dépendance. Et ces « traitements » ont longtemps été donnés chez Mélaric.

Beaucoup d'émotion a entouré l'annonce de la fermeture du centre de thérapie, après 32 ans d'existence. Avec raison, bien des gens ont été outrés que le gouvernement Couillard renvoie à la rue ou en prison les plus vulnérables de la société. Sauf que cette énième attaque contre les plus démunis me réjouit (oui, oui) uniquement en ce qu'elle permet la fermeture d'un centre indéfendable, qui utilisait des méthodes considérées par tous les acteurs concernés comme une abomination. La Maison Mélaric est à ce jour perçue comme le pionnier des établissements québécois utilisant la thérapie dite de confrontation. Une approche qui n'a absolument aucune base scientifique dans le traitement des dépendances et qui s'inspire en fait de ce que la religion et l'armée ont de pire à offrir. Il s'agissait en gros d'accueillir la personne dépourvue et vulnérable, souvent envoyée là sur ordre de la cour, par la pression de ses proches ou le besoin d'avoir un peu d'aide, et de la déconstruire jusqu'à ce qu'il n'en reste plus rien. Le peu d'estime ou de confiance que la personne pouvait encore avoir, sa personnalité, ce qui fait son unicité, il fallait l'écraser, le détruire pour en extraire tout le « méchant » (drogue, alcool, jeu ou autres dépendances) et reconstruire sur les cendres une nouvelle personne abstinente, sage et repentante.

Pour ce faire, la Maison Mélaric utilisait un système de « conséquences » contre ses usagers lorsque les animateurs – en général d'anciens toxicomanes n'ayant aucune scolarité ou expérience – trouvaient que ces derniers avaient de « mauvais comportements ».

Sébastien Poliquin est passé par la Maison Mélaric, à ses débuts, en 1989 : « Trois fois par jour, on faisait le ménage de la poussière par terre à mains nues, sans balai. Il fallait tighter notre lit comme dans l'armée, avec les angles à 45 degrés jusqu'à ce qu'un 10 ¢ puisse rebondir dessus. S'ils trouvaient que tu étais immature, ils te mettaient dans une bassinette pleine de toutous avec une couche devant tout le monde. S'ils te prenaient à ramasser un mégot par terre, ils te déguisaient en robineux et t'empêchaient de fumer pendant trois jours. D'autres devaient se promener avec un miroir pendu au visage pendant des heures pour qu'ils comprennent qu'ils étaient égocentriques. » Cela sans compter d'interminables corvées de ménage, d'épluchage de patates ou autres punitions en vogue dans les prisons militaires. Sébastien se souvient : « Une nuit, à 3 h du matin, parce qu'ils trouvaient que ça n'allait pas dans la maison, les animateurs ont viré la cuisine à l'envers et nous ont réveillés pour tout ramasser. » Pour bien des résidents, le choix était justement entre la prison et la thérapie. Car il faut savoir qu'un centre comme Mélaric accueillait une importante clientèle carcérale. À savoir des gens envoyés sur ordre de la cour ou sinon dans l'espoir d'obtenir une sentence réduite. Il n'est pas très difficile de comprendre que quand un « retour en d'dans » vous pend toujours au bout du nez, vous ne vous sentez pas forcément à l'aise de critiquer les méthodes d'intervention du centre qui vous héberge.

Nicole Gravel a été intervenante près de 30 ans dans des maisons de thérapie. Elle affirme que « tout le monde était au courant » des méthodes employées à la Maison Mélaric, mais ne se souvient pourtant que d'un seul exemple où une intervention par la confrontation semblait avoir donné des résultats. « Quand c'est mal fait, et c'est le cas la plupart du temps, l'intervention provoque des résultats pires que le problème qu'on voulait traiter. On confronte la personne pour une possible erreur, on la juge, on l'humilie, on la pousse dans ses limites », nous dit-elle. Et c'est souvent là que ça casse. On a une personne aux prises avec des problèmes de dépendance et une estime de soi complètement démolie, qui souvent se méprise elle-même. Et là, sous la vindicte des animateurs et de la « communauté thérapeutique », on l'humilie, la juge et l'engueule en public. C'est pourquoi la thérapie par la confrontation ne dépasse rarement que la première partie de son a priori : « Bien des gens ont été détruits, mais ils n'ont jamais été reconstruits », de dire Nicole Gravel. Sébastien Poliquin, pour y avoir séjourné, l'exprime ainsi : « Ils te cassent, mais ils ne te remontent pas ! »

Comme une grande partie de la population québécoise, j'estime qu'il est tout à fait inacceptable que les libéraux fassent des économies de bouts de chandelles sur le dos des plus fragiles parmi les plus démunis, à savoir les résidents des maisons de thérapie souffrant de dépendances. Selon Nicole Gravel, rares sont les centres qui pratiquent encore la thérapie par la confrontation. Par ailleurs, il ne nous apparaît pas très surprenant de constater que la directrice générale et présidente du conseil d'administration de Mélaric, Lise Bourgault, a été députée conservatrice sous Mulroney entre 1984 et 1993 et qu'elle fut approchée pour une candidature par le gouvernement Harper, avec lequel elle s'affichait souvent en accord sur sa page Facebook.

Par ce reportage, nous voulions essentiellement montrer que les approches sauvages et inhumaines ne sont pas toujours l'apanage des gouvernements. Elles viennent parfois des endroits (comme Mélaric) dont on n'attendrait que du bien.

## Les origines de la thérapie par la confrontation

Sans grande surprise, la philosophie de la thérapie par la confrontation (souvent appelée « *tough love* » en anglais) nous vient des États-Unis. Elle s'inspire des principes religieux et républicains selon lesquels seuls l'abstinence et le travail pénible sont gages d'une bonne vie. Les consommateurs et les dépendants ne seraient donc que des hédonistes sans âme, qui ne vivent que pour le plaisir et la jouissance et qui doivent apprendre le sens de la peine et de la douleur. Les premières thérapies par la confrontation furent donc introduites par *The Church of Synanon* dans les années soixante. Le programme visait à réhabiliter les dépendants par des passages à tabac, des simulations de viols, de faux kidnappings, des séances d'humiliations publiques et ainsi de suite. Il s'agissait souvent de jeunes issus de familles particulièrement conservatrices, qui avaient fumé un peu de pot ou avaient fréquenté des gais ou des noirs. Une jeune femme témoignait ainsi que des trente-neuf centres où elle avait été envoyée, il n'y en avait que deux où elle n'avait pas été agressée ! De nombreux autres disaient avoir souffert d'un syndrome post-traumatique.

Quand cette église fut enfin fermée à la suite de multiples plaintes, de malversations comptables et de poursuites criminelles, un programme similaire prit le relais. Initié par Nancy Reagan et George H. W. Bush, *Straight Incorporated* se basait également sur la thérapie par la confrontation et la soi-disant « communauté thérapeutique » par l'humiliation et la confrontation publique. En 2002, le magazine *Forbes* estimait cette industrie du « tough love » sur les jeunes à deux milliards de dollars par année. Et on en a même fait un show de téléréalité (*Troubled Teens*) où ces jeunes sont violentés et humiliés devant les caméras.

**Avoir été drogué n'est pas une qualification !**

Un des problèmes des centres de thérapie comme Mélaric, mais comme bien d'autres aussi, c'est que pour couper dans les frais, ils engageaient souvent d'anciens résidents dont la seule qualification était d'être eux-mêmes des anciens dépendants qui avaient fréquenté le centre et qui y demeuraient depuis. Sauf que le fait d'avoir subi une amputation, si cela peut vous rendre empathique et compréhensif envers les autres amputés, ça ne fait pas de vous un bon chirurgien. Sébastien Poliquin se souvient : « À Mélaric, tout le monde savait que l'intervenant qui donnait la première étape avait une relation avec le directeur de la place. Souvent on le voyait arriver le matin avec le char du boss, complètement allumé. Tsé, se faire donner un atelier sur l'abstinence par un chouchou qui de toute évidence a fait le party toute la nuit, c'est assez ordinaire. » Nicole Gravel confirme : « Cette pratique s'est faite et se fait toujours dans de nombreuses maisons. Des gens qui n'ont pratiquement pas de formation, qui n'ont même pas cinq ans d'abstinence s'improvisent thérapeutes. Il y a un processus de certification des centres auprès du ministère de la Santé et des Services sociaux de nos jours qui exige un bac ou au moins un certificat de la part des thérapeutes. Mais comme on dit, il y a l'esprit de la loi et l'application de la loi… »

Journée internationale
contre la brutalité policière
# Le dialogue plutôt que la violence

*Yves Manseau*

La vingtième Journée internationale contre la brutalité policière a eu lieu le 15 mars. Un temps fort pour moi, étant donné que dans une autre vie, je fus un des membres fondateurs du COBP (Collectif opposé à la brutalité policière). Je milite encore pour cette cause sous l'angle plus précis de l'itinérance, mais prône aujourd'hui le dialogue plutôt que la violence.

En 2013, suite à la consommation de drogues dures et à une dépression majeure, j'ai touché le fond et je me suis ramassé à la rue. C'est paradoxalement à cette période, dans la plus grande pauvreté, que j'ai appris à être heureux, à rester humain. Je ne souhaite à personne de rencontrer cette situation, mais la survie permet de trouver des réponses à ses questions, de donner un sens à sa vie. Au long de mon cheminement de réintégration sociale, j'ai fondé avec quelques amis de la rue et des sympathisants, le CRSL (Collectif de la rue solidarité des Laurentides). Nous sommes un regroupement de citoyennes et de citoyens avec de sérieuses difficultés de toutes sortes. À un point tel que nous sommes à la rue, ou à risque de l'être. Plusieurs d'entre nous sont sans domicile fixe, isolés. Pour d'autres, la rue est le seul lieu de socialisation.

## Les itinérants dérangent

Nous nous réunissons d'abord pour partager nos joies et nos peines, pour sortir de l'isolement, pour conscientiser notre réalité commune. Nous nous permettons de rêver, puis de réfléchir ; de concevoir des projets et de les réaliser. Ensemble, nous voulons contribuer à améliorer la bonne entente et l'harmonie dans le partage de l'espace public et le respect de la vie privée.

Les relations entre la police et les citoyennes et citoyens constituent un enjeu important de la rue. Nous sommes particulièrement conscientisés en la matière. Je suis heureux de rapporter qu'ici, à Saint-Jérôme, les relations sont bonnes. Ce fut difficile, mais nous avons établi un dialogue véritable et sincère avec la police.

Ailleurs malheureusement, les itinérants, qui ne sont pas si dangereux, sont souvent les premières victimes des violences policières. Ils sont dans la rue, ils dérangent. Et les policiers se sentent mandatés de faire un nettoyage social. Nous restons quand même vigilants et un de nos objectifs est de s'assurer que ce dialogue à dimension humaine demeure, malgré l'accroissement rapide de la population et des problèmes de cohabitation, souvent associés à la croissance démographique d'un milieu fort urbanisé.

## Une colère légitime

Le 15 mars 2015, nous sommes venus avec un petit groupe de Saint-Jérôme participer à la manifestation du COBP à Montréal, avec l'intention particulière de passer un message pacifique. Nous sommes arrivés après les arrestations de masse et dès que nous sommes sortis de notre véhicule avec nos pancartes, les policiers nous ont sauté dessus et arrêtés. Nous avons alors argumenté que notre arrestation était illégale car nous n'avions pas encore participé à la manifestation. Le capitaine en charge nous a donc libérés et, vu que nous avons donné notre parcours, nous avons pu manifester en solidarité avec les personnes arrêtées. Ceci nous a permis de passer notre message pacifique, qui a d'ailleurs été filmé par un média alternatif.

Un accroc cependant : à un moment donné, des policiers en vélo se sont mis à nous harceler et on m'a donné un billet d'infraction pour avoir utilisé un mégaphone. Cette cause est actuellement contestée devant les tribunaux et instances de surveillance du système judiciaire.

Cette année, nous n'avons pas souhaité participer à la manifestation de Montréal. Elle s'est déroulée dans le calme mais nous craignions la violence, et pour moi, ce n'est pas une solution. La colère et la frustration sont parfaitement légitimes. On demande à des humains, les policiers, d'être répressifs envers d'autres humains, mais en sont-ils capables ? Sont-ils préparés pour ça ? On accepte l'inacceptable, on voit nos enfants brutalisés. Comment peut-on se taire devant ça ? Je comprends qu'on puisse vouloir répondre à la violence par la violence, mais pour moi, la solution se trouve plutôt dans le dialogue et la prévention.

C'est pourquoi cette année, nous avons décidé d'être sages, et de célébrer dans notre patelin de Saint-Jérôme la Journée internationale contre… les abus de pouvoir policiers, qui sont inévitablement une forme de violence, et le signe d'une dégénérescence de notre société.

# Petit guide de défense contre les manipulateurs

## Jo-An Blanchet-Girard

Si j'écris ce texte, c'est parce que j'ai moi-même été victime de manipulation. Je me suis liée en affaires avec une personne qui, au final, voulait juste dépendre de moi et qui me harcelait. J'ai appris beaucoup de choses de cette situation-là et j'aimerais partager mon expérience avec vous.

Le but des manipulateurs est de faire en sorte que leurs victimes dépendent d'eux et qu'elles n'aient plus la capacité de penser par elles-mêmes. Ils vident les gens de leur énergie et l'utilisent pour eux. Pour arriver à leurs fins, ils utilisent certains procédés semblables d'un manipulateur à un autre. Au début de la relation, ils sont très séduisants et mettent leur victime sur un piédestal pour la mettre en confiance et lui donner envie de s'associer à eux. Une fois la confiance établie, ils vont causer du tort à la victime une première fois. Quand celle-ci se fâchera, ils s'excuseront et mettront la faute de leurs actions, sur le dos de quelqu'un ou quelque chose d'autre pour que la victime les prenne en pitié. Ils vont ensuite graduellement l'isoler de son entourage afin de lui laver le cerveau.

### Comment repérer les manipulateurs

On peut repérer les manipulateurs par leurs discours. Ils embellissent la réalité : ils mentent souvent, mais leurs mensonges sont construits sur un fond de vérité. Ils sont aussi de vrais moulins à parole et ont deux principaux sujets de conversation : vanter leurs propres mérites et vanter les mérites des projets qu'ils veulent te proposer. Quand on leur pose une question dont la réponse est oui ou non, ils détournent le sujet de la conversation ou répondent de façon vague.

Au niveau interpersonnel, les manipulateurs ne tiennent pas ou peu compte des sentiments de la victime. Ils sont gentils au début de la relation, mais plus le temps avance, plus on se sent mal à l'aise avec ces gens-là. Ils vont te faire des louanges quand ils ont besoin de toi et t'insulter quand tu refuses de faire ce qu'ils veulent. Ils vont te harceler pour que tu embarques dans leurs idées.

## Comment se débarrasser d'un manipulateur

Les manipulateurs ont une grande emprise sur leurs victimes, notamment au niveau psychologique, au niveau social et parfois même aux niveaux économique et physique. Pour ces raisons, c'est très important de cesser une relation avec un manipulateur. Dès qu'on détecte des signes de manipulation, il faut agir immédiatement et ne pas hésiter à en parler à quelqu'un en qui on a confiance. Quand on confronte un manipulateur, il faut bien sûr le faire de façon calme et polie, sinon ça peut empirer les choses. Il faut aussi le faire quand on est entouré de gens qu'on connaît ou d'intervenants, pour assurer notre sécurité. Il faut aussi cesser tout contact avec le manipulateur à la suite de la séparation, que ce soit en personne, par écrit ou par téléphone.

Souvent, ces gens-là grugent notre énergie et nous fragilisent. Je vous recommande donc d'aller voir un organisme d'aide, de recommencer à faire des activités que vous aimez et d'aller vous ressourcer, selon vos croyances et ce qui est bon pour vous.

J'ai eu la chance de mettre fin à la relation avant qu'il n'y ait des conséquences graves. Je suis plus forte suite à cette expérience, et je suis maintenant mieux armée pour me défendre. J'espère que ce témoignage vous sera utile et pourra vous protéger des manipulateurs.

# Se prendre en main et aller de l'avant

## *Guy Boyer*

Derrière le voile de fond (!) d'un fait divers ou d'un événement marquant se cache souvent une crise identitaire. Les grands penseurs, de tout temps, font et refont sans cesse le tour de la question de l'identité et de la crise identitaire. Je me contenterai de quelques anecdotes et réflexions.

J'ai écrit *Se prendre en mains* en janvier 2015 et *Aller de l'avant* en juillet de la même année afin de faire le point sur ma situation, mon environnement et l'histoire de ma vie. Deux courts textes qui ont été publiés dans *L'Itinéraire*. De ces deux textes a surgi l'idée d'écrire la chronique qui suit.

### Ce qui reste du passé

La synthèse que je pourrais faire avec ces deux textes serait malhonnête ou artificielle puisque ce qui compte vraiment, en bout de ligne, c'est le présent. Cependant, la relecture des deux textes me permet de constater une évolution. Évidemment, il y a un décalage de six mois entre eux, alors il y a forcément une évolution. En gros, j'y relate ma vie, mon enfance heureuse et pleine d'aventures, mon éducation, ma vie parfois tumultueuse d'adulte souvent désorienté, et le présent. Ces textes sont empreints d'une certaine nostalgie morbide, un genre que j'essaie d'éviter pour ne pas m'y complaire.

On s'habitue à tout, dit-on, à la souffrance, à la pauvreté, à la médiocrité, etc. Pas moi. Je suis déjà passé par la rétrospection ou l'introspection de mes bons et mauvais coups et j'ai eu mon lot de peines, de larmes et de remords à cette étape incontournable de ma petite vie. Une crise identitaire à échelle humaine. Un passage obligé, plus ou moins long, pour quiconque réfléchit un tant soit peu à l'avenir.

Je me suis regardé dans les yeux, dans le miroir, et j'ai fait le tri dans ma mémoire. Au fil du temps et encore aujourd'hui, j'ai parlé et je parle de mon passé aux bonnes personnes, des personnes choisies, et j'en ressors grandi. Je suis maintenant à l'âge du bilan. Je ne suis plus hanté par mon passé mais préoccupé par le présent et l'avenir.

## L'importance toute relative de l'Histoire
## (ou très relative de ma petite histoire)

S'il n'en tenait qu'à moi, ceci serait la dernière fois où il est question de moi et de ma petite histoire, parfois pathétique, parfois heureuse. Je suis davantage tourné vers l'Autre et l'Histoire avec un grand H.

Je conçois et comprends l'importance de l'Histoire. On trouve des spécialistes historiens-anthropologues, historiens des sciences, historiens des arts et lettres, historiens des guerres ; l'historiographie a pour objet l'écriture de l'histoire. Au Québec, on trouve même un historien... des feux de forêt !

Grâce aux historiens, on apprend souvent des choses étonnantes et inédites. Les cinéastes-documentaristes rigoureux font appel aux historiens, archivistes ou bibliothécaires, pour faire émerger des vérités jusque-là méconnues. Par exemple, j'apprenais récemment que les soldats, pilotes et marins de la Wehrmacht, l'armée nazie, étaient bourrés d'amphétamines et autres dérivés explosifs de la méthamphétamine, tout comme les djihadistes exaltés de Daech le seraient aujourd'hui. Pervitine pour les nazis, Captagon pour les fous de Dieu déjà plutôt dangereux. Réalité d'hier, réalité d'aujourd'hui.

Plus ça change, plus c'est pareil, dit-on parfois. C'est vrai pour la grande Histoire, c'est vrai pour l'Histoire contemporaine. Pour la petite histoire d'un individu, c'est selon son aptitude à se réinventer et à tourner la page. On dit qu'un individu est figé dans le passé ; qu'il radote, qu'il rumine. Il est rongé par une crise identitaire. Pour ma part, je suis encore assez jeune et en santé pour ne pas tomber dans le radotage ; je m'y efforce en tout cas. Cependant, je suis assez vieux pour vivre chaque jour du déjà-vu. Rien de nouveau sous le soleil même si je sais, au fond, que j'ai encore beaucoup à apprendre, chaque jour. La mémoire peut être peuplée à l'infini de beauté, d'amour et d'humour et de tout ce qui rend la vie moins pénible malgré ses pièges et difficultés. Malgré l'horreur parfois. Plonger dans sa mémoire, son histoire ne sert finalement qu'à façonner le présent et l'avenir. Pour en finir avec une crise identitaire qui risque de s'éterniser, le plus tôt est le mieux.

### Une somme d'expériences

La vie, ou l'espace d'une vie, c'est l'accumulation d'une multitude d'expériences diverses. La somme de ces expériences et de ces souvenirs, doux et amers, fait l'homme que je suis. Je n'ai jamais vécu d'expérience extrêmement traumatisante, celle qui laisse un choc post-traumatique comme le disent si bien les psychologues et autres docteurs de l'âme. Je parle d'expériences où on frôle la mort de près ; où on est témoin d'un carnage sanglant, on est victime d'un grave accident, une explosion et *tutti quanti*. Des incidents qui autrefois étaient considérés comme mineurs, banals, peuvent aussi laisser de vives cicatrices, comme par exemple l'intimidation à l'école ou les agressions sexuelles et violentes. On sait qu'environ 25 % des vétérans de guerre gardent des séquelles permanentes. De retour à la vie civile, ils deviennent mésadaptés, antisociaux ; des parias parfois imprévisibles, dangereux, prisonniers de leur passé. Des grognards !

Vivre dans le passé et revivre l'Histoire sont deux marottes bien différentes. On appelait « grognards » les soldats de Napoléon qui se plaignaient sans cesse de leurs conditions de vie misérables. La reconstitution historique est, pour certains, une activité récréative et peut devenir une passion dévorante. Pour les uns, c'est l'époque médiévale ; pour les autres la dernière grande bataille de Napoléon à Waterloo. En 2015, dans cette commune belge près de Bruxelles, on a célébré le bicentenaire de la bataille. Un budget de 10 millions d'euros, 5 000 participants et bénévoles, 360 chevaux, 100 canons d'époque. Quelque 100 000 visiteurs sont venus à cette reconstitution historique. Les passionnés d'Histoire ne se laissent pas berner facilement par des histoires à dormir debout et des théories du complot. Mais le n'importe quoi fait partie de notre quotidien. L'étude de l'Histoire est un prérequis pour vaincre l'ignorance et il faut savoir séparer le bon grain de l'ivraie.

## Crise identitaire

Une personne en crise identitaire est une personne qui souffre d'une maladie plus ou moins grave, une crise d'ignorance plus ou moins temporaire. Mais qu'est-ce donc que l'identité ? Selon votre humble serviteur, l'identité d'un individu est tout le contexte et l'environnement dans lequel il a évolué depuis sa naissance. Contexte familial, social et économique. Contexte national, patriotique ; culturel, ethnique et religieux. Mais l'identité individuelle, ou de tout un peuple, s'inscrit dans le présent. « *What you see is what you get* », tel que le dirait le folklorique cowboy américain. L'identité est un *work in progress*. Elle découle d'un cheminement, plus ou moins long, vers la maturité et la sagesse. À partir de ce moment, l'individu est à l'abri de la crise identitaire. Sinon, celle-ci peut prendre une tournure malheureuse, horrible et même cataclysmique lorsqu'elle touche tout un peuple.

## Le temps élastique

Pour l'être humain qui souffre, le temps s'arrête. Est-ce Einstein qui a découvert que le temps est élastique avec sa célèbre théorie de la relativité ? En théorie, je n'en sais rien. En pratique, même si ce n'est qu'une illusion, c'est vrai que le temps nous paraît bien long lorsque l'on attend l'autobus à -20 °C. Avec un passé douloureux ou même atroce, les individus figés dans le passé souffrent leur vie durant. Une attente interminable. L'enfer sur Terre prend tout son sens. Le bonheur leur est interdit. Ils sont atteints d'une maladie de l'âme dont le remède est en eux-mêmes, au creux de leur mémoire blessée, de leur conscience tourmentée. Certains ne s'en sortent pas ou difficilement. Leur passé n'est que souffrance et leur avenir un gouffre menaçant. Ils souffrent d'une incapacité à imaginer et inventer un avenir radieux et prometteur.

Les autres, par contre, deviennent plus forts, plus conscients du présent et de l'avenir. Dans son dernier discours à la nation sur l'état de l'Union, le président Obama a déclaré qu'il voulait se concentrer sur le futur. Si seulement ce souhait pouvait devenir un credo universel, le monde pourrait évoluer vers un idéal du bonheur. Mais la triste réalité est que des peuples entiers vivent dans le passé. En commençant par les Américains eux-mêmes, dont un bon nombre vivent comme au Far West, mais armés jusqu'aux dents comme Rambo. Ou encore au Moyen-Orient, où Israéliens, musulmans sunnites et chiites s'entretuent à qui mieux mieux. Voilà seulement deux exemples qui démontrent que vivre dans le passé est une maladie universelle, une crise identitaire transmissible d'une génération à la suivante.

On peut vaincre cette maladie sinon il n'y aurait que des fous, des ignares et des grognards sur Terre. Quant à moi, je m'efforce de marcher droit devant, vers un point lumineux à l'horizon, vers cette ultime destination où, quoi qu'il arrive d'ici là, le passé se désagrège et s'évapore derrière moi.

# Avant de partir

## *Alain Saint-Germain*

Je suis malade et je prends le temps de vous écrire ces mots avant de partir. Je ne sais pas quand va sonner l'heure du départ. C'est pourquoi j'aimerais dire merci à tous ceux qui m'ont tendu la main dans ma vie.

En premier lieu, à celle qui m'a donné la vie et ensuite, à tous les professeurs qui m'ont enseigné et qui m'ont orienté dans mon choix de métier.

Merci à tous les patrons qui m'ont donné la chance de travailler avec eux, ainsi qu'aux copains et collègues de travail.

Aujourd'hui, je suis à L'Itinéraire. J'y ai trouvé des gens qui m'ont tendu la main et me permettent de travailler avec fierté et de gagner honnêtement ma vie chaque jour.

Merci à tous les clients qui ont toujours été là pour m'encourager en achetant le magazine régulièrement ou de temps en temps, sans oublier ceux qui n'achètent pas mais qui me font un don à l'occasion.

Merci aux organismes qui nous procurent de la nourriture, des vêtements et tous les autres services dont on a besoin au quotidien.

Je ne veux surtout pas oublier les gens qui prennent soin de ma santé : les médecins et les infirmières qui sont là pour moi.

Je remercie tous ces gens qui m'ont tendu la main et tous les amis qui ont été à mes côtés dans le parcours de ma vie. Merci !

# Dehors

*Lorraine Sylvain*

Parfois dehors l'hiver, la nuit sous la lune, la neige était parcourue d'un scintillement de couleurs, vert, rose, argent, comme sur les cartes de Noël que nous recevions lorsque nous étions enfants, mais qui auraient été animées d'un mouvement ondulatoire d'apparence erratique.

Dehors la glace sur l'eau devenait si épaisse, que l'on devait parfois se résoudre à faire fondre dix tasses de neige pour obtenir une tasse de liquide.

Dehors il arrivait qu'on entende, perçant le silence, un vent puissant à une hauteur insoupçonnée, large comme le souffle d'un dieu. C'était le prélude d'une saison nouvelle.

Dehors, l'été, quand on préparait de la nourriture, il fallait agiter le couvercle métallique de la marmite à chaque dix minutes, pour tenir en respect les grands animaux affamés.

Et en ce lieu, la seule horloge que nous avions était le battement de notre cœur.

# Mort psychique

## *Jo Redwitch*

L'eau de mon bain refroidissait tranquillement.
Je n'osais pas bouger et je restais là à flotter dans cet espace plutôt sombre.
La forêt qui entourait la maison me semblait plus dense.
Et la noirceur de mon cerveau avait des allures de dissociation.
J'étais là sans y être.

J'étais encore sous le choc des coups portés à ma tête.
Il avait dépassé les limites de l'insupportable.
Et je m'étais moi-même enfermée dans ce portique intérieur.
Incapable d'avancer ou de reculer, j'étais cloîtrée dans cette prison mentale.
J'avais perdu toute capacité de penser.
J'étais là sans y être.

L'âme déchirée par l'échec me laissait à penser
que rien ne pouvait plus me sauver.
La folie, ma colocataire était revenue me rencontrer.
La mort psychique m'avait gagnée.
En plongeant ma tête sous l'eau, j'écoutais mon cœur battre sans émotion.
Puis le silence fut et la souffrance s'éteignit.
Je n'y étais plus.

# Un moment inoubliable

*Michel Dumont*

Les événements du 19 avril 2016 resteront gravés dans ma mémoire à jamais. Après neuf ans sans contacts, j'ai rencontré une partie de ma famille pour de grandes retrouvailles.

Je n'avais pas vu mon père et mes deux sœurs depuis des années. Ma tante, qui m'avait retrouvé sur Facebook en 2014, était déjà au courant de mon histoire. Nous nous sommes tous donné rendez-vous dans un restaurant. Le tout a commencé par un paquet de câlins, caresses et petits becs. Mes proches étaient très émus de me voir. Pendant le repas, on a parlé un peu de tout et de rien, avant que je leur raconte la fameuse histoire qu'ils attendaient tous.

Je les ai d'abord avisés qu'ils n'étaient pas coupables de mon éloignement. Comme mes lecteurs de longue date le savent déjà, j'ai eu des problèmes de consommation. J'avais un travail et je l'ai quitté, j'ai perdu une personne qui était chère à mes yeux. Moi qui n'aime pas être seul, je cherchais à me faire des amis, mais ce n'étaient pas des bonnes influences pour moi. En 2005, je me suis mis à consommer de la drogue dure pour faire comme eux, parce que je pensais que l'ennui partirait. Mais finalement, ce que je vivais était encore pire que l'ennui. Car vous savez, lorsqu'on touche à la drogue dure, on en devient rapidement dépendant.

## De la quête à L'Itinéraire

Mon déclin continuait à tel point que j'allais quêter au centre-ville pour pouvoir répondre à mes besoins et pouvoir manger. Dieu merci, je n'ai jamais dormi dehors. Par la suite, j'ai rencontré un ami, Serge Trudel, qui a fini par réussir à me faire entrer ici, à L'Itinéraire, après avoir essayé de me convaincre à plusieurs reprises.

Qu'est-ce qui m'a fait prendre cette décision ? Lorsque je quêtais à mon coin habituel, quelqu'un est venu me faire des menaces indirectes, parce que j'occupais son « territoire ». Il avait l'air d'être responsable de quelques personnes qui quêtaient, et j'avais l'impression qu'il faisait de l'argent sur leur dos. Malgré les idées préconçues que j'avais à l'égard de L'Itinéraire, j'ai repensé aux conseils de Serge, je me suis donné un coup de pied dans le derrière et je me suis dit : « Je vais l'essayer, je n'ai rien à perdre. »

Une fois rendu à L'Itinéraire, on a fixé un rendez-vous pour mon training. Le lendemain, le 29 mai 2012, est une date qui a marqué ma vie. Je débutais sur mon premier point de vente, coin Mansfield et René-Lévesque, de 13 h à 14 h. Devinez-quoi : j'ai fait 42 $ en une heure. Le lendemain matin, au même point de vente, de 6 h 30 à 9 h 30, je me suis fait un gain de 60 $. Et ainsi de suite.

J'ai expliqué à ma famille à quoi servait l'organisme. Comme vous le savez, L'Itinéraire est un organisme à but non lucratif qui vient en aide aux sans-abri et aux démunis. C'est également une entreprise de réinsertion sociale. Je leur ai également dit que j'écrivais, comme d'autres camelots, dans le magazine. Je leur ai montré quelques textes pour qu'ils puissent constater mes qualités d'écrivain, que moi-même je ne connaissais guère : j'avais un talent caché et je ne le savais pas !

Pendant notre conversation, mes sœurs m'ont dit qu'elles s'étaient inquiétées de ne pas avoir eu de mes nouvelles pendant si longtemps. Je leur ai dit : « Si j'ai conservé un certain écart entre moi et ma famille, c'est parce que je ne voulais pas qu'elle me voie dans l'état où j'étais à cette époque. » Mon père, pour se rassurer, se disait à lui-même et à ses enfants : « Michel va certainement s'en sortir car il est très débrouillard. » Ce que j'ai aimé pendant cette rencontre, c'est qu'il n'y a eu aucun préjugé. J'ai été respecté et écouté de A à Z.

## L'écriture comme remède

Après leur avoir raconté mon histoire, je leur ai posé une question qui était fondamentale à mes yeux : « Que pensez-vous de moi, quelles sont vos impressions ? » Une de mes sœurs m'a dit : « Écoute Michel, on était très inquiets. Le chemin que tu as traversé a été très difficile pour toi, et je suis contente que tu t'en sois sorti. J'espère, autant que possible, que ça ne se produira plus, mais ceci ne dépendra que de toi. » Mon autre sœur m'a dit sensiblement la même chose et mon père m'a donné un solide conseil : « Quand tu te sentiras déraper vers ce mauvais chemin que tu as vécu, mets-toi immédiatement à écrire, ce sera ton remède pour enlever tes mauvaises pensées. »

Ce que je tire de cette rencontre, c'est d'abord beaucoup d'émotions. Ça a créé un rapprochement, j'ai senti une forte chaleur, comme si on venait de mettre du bois dans le foyer. Autrement dit, c'est un souvenir qui restera longtemps gravé dans ma mémoire.

# Le crédit, c'est payant !

*Roger Perreault*

On parle souvent du plaisir qu'on a à rencontrer des gens lorsqu'on vend *L'Itinéraire*, des amis que, parfois, on se fait. Dans mon cas, j'ai vécu une situation un peu spéciale. Un petit samedi matin, beau soleil, je suis à mon poste. C'est plutôt tranquille quand s'approchent de moi un individu et sa compagne.

« Ah tiens, c'est *L'Itinéraire*, me dit-il en s'arrêtant, j'avais l'habitude de le lire mais ça fait un moment que je ne l'ai pas fait. Et ça tombe mal, je n'ai pas un sou sur moi. » Me surprenant moi-même, je lui réponds : « Ben, en voici une copie. Vous me la paierez quand vous repasserez ! » Il refuse, j'insiste (je vais me faire un nouveau client, me dis-je) et il accepte finalement.

Quelques semaines plus tard, cet individu revient. Sans que je ne l'aie reconnu, il laisse tomber : « Eh bien, vous, je vous en dois une ! En lisant la revue que vous m'avez offerte, voici que je vois une photo présentant une troupe de danse sur laquelle j'ai reconnu ma fille, avec qui j'ai perdu le contact depuis longtemps. J'ai fait des démarches auprès de la troupe à qui j'ai laissé mes coordonnées pour qu'elle les lui donne, en lui disant que j'aimerais beaucoup qu'elle communique avec moi. Ce qu'elle a fait. Nous nous sommes rencontrés depuis et nous avons repris nos relations. »

Quelle belle histoire. Cet événement a alors enjolivé ma journée. Au fait, il m'a réglé la revue et il est reparti tout souriant. Qui a dit que le crédit, ça ne paie pas ?

# Le repos du guerrier

*Mostapha Glillah*

Un jour, tout cavalier doit descendre de sa monture, tout guerrier a droit à un repos... et tout camelot a besoin d'une pause. C'est donc le temps ! En plus, j'ai une noble raison : je vais voir maman ! Mais je reviendrai bientôt. À cette occasion, je remercie ces gens merveilleux grâce à qui l'hiver fut moins rigoureux et le rêve possible. Ensemble, nous avons passé d'agréables moments.

J'ai eu le privilège d'offrir mes magazines dans un endroit qui me rappelle tant de souvenirs, doux et amers. J'ai eu la chance de contempler une tour de Babel ambulante. Toutes les couleurs, toutes les langues, toutes les cultures s'y côtoient et cohabitent en paix et en harmonie. L'avenir du Québec, j'en ai la conviction, sera multiple et radieux. J'ai toujours cru que le métissage et les alliances matrimoniales et conjugales entre des gens issus de peuples différents sont la meilleure façon de les réunir. Ça vaut davantage que mille discours œcuméniques et conciliatoires.

Le roi est mort, vive le roi ! Un camelot s'en va, l'organisation demeure. Elle continue à remplir ses fonctions, à jouer son rôle. Par conséquent, j'invite toute personne qui me faisait confiance à le faire à L'Itinéraire. Continuez à acheter le magazine ! Continuez à soutenir la cause ! Continuez à sympathiser avec ces milliers de camelots qui sillonnent les rues du monde ! Et si vous ne pouvez pas le faire, annoncez la bonne nouvelle ! Parlez en bien de cette belle œuvre, vous aurez sûrement une audience attentive qui adhérera à cette magnifique lutte.

Grâce à vous, L'Itinéraire, ce jeune arbre planté il y a plus de 20 ans, aura des feuilles de plus en plus verdoyantes, des racines de plus en plus profondes et, cela va de soi, des fruits de plus en plus délicieux.

Pères séparés

# Une maison pour reprendre son souffle

*Serge Trudel*

Plusieurs organismes montréalais proposent des hébergements pour les femmes seules et leurs enfants. Mais quelles solutions s'offrent aux pères ?

Selon les données les plus récentes de Statistique Canada, en 2006, 22 % des familles monoparentales québécoises étaient dirigées par des hommes. Dans la plupart des cas de séparation, le juge donne la garde de l'enfant à la mère. Et jamais il ne statuera sur une garde partagée si le père n'a pas de logement pour accueillir son enfant. D'où la création de Maison Oxygène qui, depuis 26 ans, a pour mission l'hébergement de ces pères séparés ou simplement célibataires. C'est le seul établissement à Montréal qui propose ce type de service.

## Les hommes moins ouverts à demander de l'aide

On remarque que les hommes sont en général plus réticents à faire appel à des ressources. Dans notre société, même si ça tend à changer, l'homme a encore trop souvent l'image du chef de famille, du pourvoyeur. La question de l'orgueil est aussi souvent présente, et il va attendre de toucher le fond du baril avant de demander de l'aide. « Ça peut être perçu comme un signe de faiblesse et d'échec pour les hommes, explique Quentin Lebreton, intervenant à la Maison Oxygène. Souvent, ils essayent d'abord de régler leurs problèmes seuls. Quand ils viennent faire une demande à la Maison Oxygène, ils ont déjà tenté sans succès plusieurs solutions pour s'en sortir. Ils arrivent souvent de la rue avec plusieurs difficultés : conjugales, parentales, financières, problématiques de consommation. »

La Maison Oxygène n'est pas là pour régler toutes les difficultés de ses résidents. « On a deux objectifs, détaille Quentin Lebreton. D'abord que la personne sorte d'ici avec un réseau, professionnel et amical, et qu'elle soit en contact avec les organismes du quartier. Ensuite, on souhaite que le lien entre le père et son enfant se soit renforcé. »

Nous avons rencontré Olivier deux mois après son arrivée à la Maison Oxygène. Olivier a quarante ans. Il a une petite fille, Livia, qui a trois ans et a été placée en famille d'accueil il y a dix-huit mois. Ancien toxicomane, il s'est repris en main, a été suivi pendant trois mois au Centre de réadaptation Dollard-Cormier. Maintenant qu'il a une chambre avec un lit pour sa fille, cette dernière peut passer plusieurs jours avec lui. « Avant d'arriver ici, j'étais retourné vivre chez ma mère mais ce n'était pas l'idéal. Je ne voyais Livia qu'une fois par semaine, le samedi, de 10 h le matin à 6 h le soir. Maintenant, je l'ai du jeudi au samedi, ça fait deux dodos et trois jours complets ! »

En général, les enfants en bas âge s'adaptent très bien à la Maison Oxygène. C'est parfois plus difficile pour les adolescents, qui doivent respecter de nouvelles règles, dormir dans la même chambre que leur papa. Si Olivier avait quelques craintes au départ, Livia semble beaucoup s'y plaire. Elle a tout ce dont peut avoir besoin une petite fille de son âge, des jeux, un jardin. « Elle est même devenue amie avec un petit gars de son âge. » Pendant ce temps, Olivier reconstruit sa vie.

**Un soutien dans toutes les démarches**
Douze chambres sont disponibles à la Maison Oxygène, qui dépend du Carrefour Familial Hochelaga-Maisonneuve. En général pour des séjours de trois mois, qui sont parfois prolongés. Les résidents sont soumis à un suivi obligatoire : ils doivent être à l'extérieur de leur chambre en journée et entreprendre des démarches pour rechercher un logement, une formation ou un emploi, ainsi que pour régler leurs problèmes juridiques. Des intervenants les aident en les redirigeant au besoin vers d'autres organismes.

La Maison Oxygène offre également des appartements de transition, à travers le programme Second souffle. Même si les intervenants restent à la disposition des pères y résidant, ces derniers ont là une grande autonomie. On leur laisse le temps nécessaire pour retrouver une stabilité.

Bientôt, Olivier aimerait pouvoir emménager dans un de ces appartements. Il devrait intégrer une formation rémunérée dans l'entretien sous peu, et se dit fier de ne pas avoir consommé depuis plusieurs mois. Il espère, à terme, pouvoir récupérer la garde permanente de sa fille, ce qui récompenserait son courage et sa détermination.

# Économie de délits de fuite

*Alain Lepage*

Quand, au volant de ton bulldozer jaune flash,
Tout r'vole, rien ne résiste à ton passage, on t'a vu.
Déchiré, déchu, tu sèmes la mort, reste un beau désert,
Comme une page blanche à remplir.
En peu de temps t'auras fait le travail de cent esclaves, en un an,
Ton outil de destruction massive commandité par des spéculateurs,
Qui ont du rêve à revendre, pour des redevances au compte-gouttes,
Contre l'hémorragie de nos ressources,
Surtout taxées par notre système à pots-de-vin.
On paye pour une commission d'enquête sur les commissions,
Que se payent les constructeurs.
On nous prend pour des cons.
On commandite l'appauvrissement commun.
Le Commonwealth, comme une communauté de colons, de colonisés,
Dirigée par nos politiciens : nos polis petits chiens tenus en laisse,
Pour garder les intérêts entre les mains des vrais maîtres,
Ces maîtres du temps mécanique, ces maîtres des domestiques,
Ces entreprises privées, ces conglomérats, ces oligarchies,
Pour qui le profit justifie les moyens.
La race humaine devient une ressource humaine,
Renouvelable et domestiquée,
La *Human Society* va-t-elle protéger notre intégrité animale ?
Va-t-elle te protéger, quand tu descendras de ton bulldozer jaune flash ?
Après tout ça, tu pourras te payer une retraite, en ramassant des canettes.

# Lâche la lâcheté

*Josée Cardinal*

Ayoye !
Ma lâcheté me mène pas là !
Dans le fond
Quelle opinion
M'effraie tant ?
Qu'est-ce que j'en ai à cirer.
Du jugement des puissants ?
Pourquoi l'avis
D'un tout croche
Compte moins pour moi
Que le verdict
D'un influent ?
Je vomis les hypocrites
Pourtant
À quelle gymnastique de serpent
J'suis pas prête
Pour que les retourneurs de veste
M'acceptent en leurs rangs ?
À quand mon exil
D'un hiver assassin
De pulsions ?
À quand
Mes envies
En poings dressés
Contre les compromissions ?
Maintenant !

Parée de pied
En cap d'acier
J'expulse de mes entrailles
Le sentiment de culpabilité
Hystérique
Qu'une faute originelle
Y aurait semé
Fruit d'une réunion
Béton
Des amours
Des aversions
Je me réclame
De l'osée
De mon prénom

# Thérapeute de rue

*Maxime Valcourt*

En me promenant sur le trottoir, j'ai aperçu ce qui me semblait être un chien. C'était bien un chien, mais… empaillé ! Je l'ai trouvé tellement beau que je ne pouvais pas le laisser là. J'ai pensé qu'il pourrait même être utile pour divertir ma clientèle. J'ai donc testé la réaction des gens devant mon nouveau compagnon.

Croyez-le ou non, le petit chien a attiré l'attention des gens au point qu'ils s'arrêtaient pour le flatter et me dire à quel point ils le trouvaient beau. À un moment donné, j'ai placé un bol de moulée et un bol d'eau devant le chien. Quand les gens venaient pour le flatter, je leur disais de faire attention parce qu'il pouvait mordre !

Mon chien est très bien traité. Contrairement aux usagers des CHSLD, il prend deux ou trois bains par semaine. Il sent bon, il est bien dans sa peau et il sème de la joie autour de lui. En le voyant, les gens retrouvent le sourire.

Quand j'enfourche mon vélo, je le place dans le panier et il admire le paysage. Je l'emmène à la pêche ; je lui ai même fabriqué une petite canne à pêche et il a attrapé une perchaude de 4 po. Une chatte qui passait par là a eu droit à un festin puisque mon chien lui a fait cadeau de sa prise. J'ai assisté à la naissance d'une grande amitié.

J'aimerais bien faire connaître mon chien à la grandeur de la ville. Je pense qu'il a le potentiel pour devenir une grande vedette en tant qu'assistant-camelot sur quatre pattes.

Je demande aux lecteurs de me soumettre des suggestions de noms pour mon chien. Le jury sera composé de moi-même… et de chiens.

# Mégots de vie

## *Luc Lenoir*

Sur le macadam, dans la nuit
Un mégot fume et rougit
Aux coins de mes lèvres, j'aspire
Sa boucane qui m'inspire.

Courts instants, courts oublis
De ce qui m'envahit et m'alourdit
La dèche que je transpire,
Les gens que je fais fuir.

La peur de la faim et de l'ennui
La peur du froid et de la pluie
Sur le macadam, je ne vis
Que de mégots de vie…

# INDEX

*Geneviève Bois-Lapointe, idée de couverture originale*

# Ça

C'est couché sur le trottoir. On dirait une sculpture. Off-off-ex-post-moderne. On s'approche. Ça pue quand on s'approche, ça pue et ça remue, diable ! ça a des yeux. Ça tient un grand sac vert qui déborde de choses. On veut voir ce qu'il y a dans le sac. Ça jappe un peu quand on arrache le sac, heureusement ça ne mord pas. On ouvre le sac.

Déboulent silencieusement jusqu'à la rue une bouteille de caribou vide, de l'argent Canadian Tire, un chandail de hockey troué, une carte périmée de la STCUM, un morceau de Stade olympique, un lambeau de société distincte, et une vieille photo, une photo de ça quand c'était humain et petit et que ça rêvait de devenir astronaute.

Monique Proulx
*Les Aurores montréales*, 1996

Cet ouvrage est sorti des presses de Katasoho
au printemps 2017, année où nous célébrons :

Le 375e anniversaire de la ville de Montréal

Le 200e anniversaire de la naissance d'Henry David Thoreau

Le 150e anniversaire de la publication du *Capital* de Karl Marx

Le 50e anniversaire de l'Exposition universelle de Montréal

Le 25e anniversaire de la première publication gratuite de *L'Itinéraire*

Imprimé par
KataSOHO